国際法

（新訂）国際法（'25）
©2025　酒井啓亘

装丁デザイン：牧野剛士
本文デザイン：畑中　猛

s-78

まえがき

　今日ほど国際法がマスメディアやSNSなどで注目されている時期は，これまでなかったといってもいいかもしれない。しかも，市民が一方的に情報の受け手となるばかりでなく，様々なツールを介して，自らの主張やどこからか見つけ出した情報さえ発信する機会に恵まれているという現象は，これまでの時代には見られなかったものであろう。

　近年生じたウクライナやガザでの事態は，そのような状況を映し出す出来事の一つといえる。そこでは，紛争を解決し平和を達成する手段としての国際法の役割が，まさに現場で試されているのであり，人々がそれぞれ手にする端末に映し出される悲惨な事態において，この国際法がどのように用いられているかについては様々な評価が行われてきた。

　一方では，国際法の不遵守こそが紛争の原因であり，したがって国際法が遵守されれば平和の回復が達成できるはずと期待はしたものの，国際法は紛争当事者により無視され，期待通りの役割を果たせないことから，国際法への期待が失望に転化していくといった動きがある。

　他方では，最終的に軍事力こそが支配する国際社会において，とりわけ先進国が自国の利益のために利用してきたのが国際法であるのだから，都合が悪ければダブル・スタンダードであるとの批判にもかかわらず国際法を遵守しないのは国家にとって当たり前であるとして，そもそも国際法には何も期待しないというニヒリズムも看て取ることができる。

　こうした国際法への失望と無関心は，いずれも極論かもしれないが，国際法の現状に対する批判の一端を示す点では共通している。そして，これらの声に国際法学者が応答できることは，実はそれほど多くはない

のかもしれない。せいぜい、原点に立ち返り、現在の国際法の内容とその適用関係を、より良く、より正確に知ってもらうことくらいであろうか。それこそが、迂遠ではあるものの、国際法の現実の役割とその限界を理解してもらうための近道なのであろう。それが、結果として、現行の国際法に向けられた期待を裏切り諦観に導くことになろうとも、である。

　法は社会の特徴を反映して生成し運用されていくのであり、国際社会における国際法もまたその例外ではない。過去の国際社会における国際法の存在理由が現在にも影響を及ぼし、それが未来へとつながっていく。その過程では、国際法にとって、維持されていく特徴、失われていく要素、そして新たに求められる要望などが、国際社会の構造、構成、対象領域などの変化とともに特定される。我々もその一員である国際社会の展開こそが国際法の発展につながるということなのであれば、我々の認識もまた、国際法をあるべき姿へと導くものとなり得るはずであろうし、その可能性は拓かれたままにすべきではなかろうか。本書で、国際社会の在り方やその構成員の変遷や展開を重視したのは、過去に影響を受けた現在の国際法が、現状の批判に応えつつ、国際社会における「法の支配」の確立という「夢」に向け、将来においていかなる可能性を有するのか、その「夢」の在り方を見極めるためなのである。

　本書は、放送大学の教材としては、柳原正治『改訂版　国際法』（放送大学教育振興会、2019年）の実質的な後継書となる。放送大学教授の柳原先生から本書の執筆の打診があったのは2022年1月のことであった。いろいろと考えた末にお引き受けはしたものの、本格的に本書の執筆に充てる時間ができたのは、京都大学の法科大学院長の任期を終えた2023年10月以降である。しかも翌年4月には早稲田大学への移籍を控え

ていたことから，異動の準備も並行しての作業となった。実質的にはほぼ5か月という原稿の執筆期間を京都大学で与えられ，その後，早稲田大学において校正の作業を数か月にわたり進めることになったわけで，その意味で本書は，私の研究人生にとって，京都大学での最後の仕事であるとともに，早稲田大学での最初の仕事ともなった。したがって，京都大学と早稲田大学への感謝の気持ちも含め，自分にとっては大変感慨深い著作とはなったが，それが求められる作品となり得たかどうかはまた別の問題であろう。

およそ35年間にわたって国際法の研究に没頭し，ここで個々のお名前を挙げることは差し控えるが，これまで数多くの方々からかけがえのない学恩をいただいてきた。本書がそれに十分に応えているとは到底いえないものの，現時点での自らの力量を示すものであることは確かである。ご批判を受けて反省しつつ，短い時間かもしれないが，もうしばらく国際法の研究に精進していきたい。

本書を，黙って研究者の道に送り出してくれた父・弘と母・武子に捧げる。

　　　　　　　　　　　　　　　2024年初秋　早稲田大学早稲田キャンパスにて
　　　　　　　　　　　　　　　　　　　　　　　　　　　　　酒井啓亘

目次

まえがき 3

1 国際社会の進展と現代国際法の展開　10

1. 国際社会と国際法　10
2. 主権国家体系の形成と近代国際法の成立　13
3. 国際社会の構造変化と現代国際法の展開　17
4. 現代国際法の特徴と基本原則　20

2 国際法の存在形式と非拘束的文書　26

1. 伝統的な国際法の存在形式　26
2. 国際義務の創設に影響を与えるその他の要因　33
3. 現代国際法形成過程の特質　36

3 条約法と外交・領事関係法　43

1. 条約を規律する国際法　43
2. 外交関係法と領事関係法　50
3. その他の国家機関の特権免除　56

4 国際法と国内法　59

1. 国際法と国内法の関係　59
2. 国際法秩序における国内法の地位　63
3. 国内法秩序における国際法の適用　64
4. 日本の国内裁判所における国際法の適用　68

5 | 国際法における行為主体　　73

1. 国際法と国際法主体　73
2. 国家の成立と消滅　75
3. 国家承認と国家承継　76
4. 政府承認と政府承継　79
5. 非国家的実体　81

6 | 国家管轄権と国家免除　　88

1. 国家の基本的権利義務　88
2. 国家管轄権の種類と適用基準　91
3. 国家管轄権の設定と域外適用　93
4. 国家免除　95

7 | 陸地・空・宇宙空間　　101

1. 国家領域と領域主権　101
2. 国家領域の取得　103
3. 空・宇宙空間　109
4. 極地　112
5. 特殊地域　113

8 | 海洋法　　116

1. 海洋法の史的展開と海洋区域の規律　116
2. 内水，領海，接続水域　119
3. 国際海峡と群島水域　122
4. 大陸棚，排他的経済水域及び島　124
5. 海洋の境界画定　126
6. 公海　127
7. 深海底　128

9 国際法における個人 131

1. 国籍　131
2. 外国人の地位　134
3. 犯罪人引渡　136
4. 難民の保護　138
5. 個人の国際犯罪　142

10 人権の国際的保障 147

1. 人権保護の国際化　147
2. 主な人権条約の内容　152
3. 人権の履行確保制度　156

11 経済活動と環境保護に関する法 163

1. 国際経済活動に対する法的規律　163
2. 国際貿易と法　166
3. 国際投資と法　169
4. 国際環境法の形成と展開　171
5. 国際環境法の内容　173
6. 分野別の環境保護　175

12 国家の国際責任 180

1. 国家責任の概念　180
2. 国家責任の発生　184
3. 違法性阻却事由　187
4. 国家責任の追及　189
5. 国家責任の解除　192

13 国際紛争の平和的処理　195

1．国際社会における紛争とその解決の意義　195
2．非裁判手続による紛争の解決　197
3．裁判手続による紛争の解決　201
4．国際司法裁判所（ICJ）の制度と手続　204
5．ICJ による紛争解決の意義と国際紛争解決手続の多元化現象　211

14 武力行使の規制と安全保障　214

1．国際社会における武力行使の規制　214
2．国家の国際法上の自衛権　218
3．集団安全保障制度　221
4．国連の平和維持活動（PKO）　226

15 武力紛争と法　231

1．武力紛争法の成立と発展　231
2．武力紛争法の適用　234
3．戦闘手段と戦闘方法の規制　236
4．武力紛争犠牲者の保護　240
5．武力紛争法の履行確保手段　242
6．中立制度　245

ブックガイド　248
索引　249

1 | 国際社会の進展と現代国際法の展開

《学習のポイント》 現代国際法は，主権国家体制下で成立した近代国際法の特徴を一部受け継ぎながらも，国際社会の進展につれて新たな発展を遂げてきた。ヨーロッパから地球規模へとその地理的適用範囲を拡張させたほか，宇宙やサイバー空間へと規律対象が深化し，国家のみならず個人や生態系へと保護法益が拡大していったことも現代国際法の特徴である。こうした国際法の歴史的展開の考察を通じて現代国際法の主要原則の説明を行う。
《キーワード》 国際社会，主権国家，近代国際法，現代国際法

1. 国際社会と国際法

（1）国際社会と国際法の関係

　国際法は国際社会の法である。これには二つの意味がある。一つは，「社会あるところ法あり（*ubi societas, ibi jus*）」という法格言があるように，社会の一つである国際社会にも法があり，それが国際法であるということである。もう一つは，その社会が，国内社会でも企業内社会でもなく，国際社会であり，国際法は国際社会に妥当しているということである。国際法が国際社会という他の社会とは異なる社会の特徴を反映した内容を有しているのはそのためである。したがって，国際法を学ぶには，まずは，国際法を生み出し，そして生み出された国際法が実際に作用する国際社会がどのようなものなのかを理解しなければならない。
　そして，国際社会の特徴については，少なくとも二つの視点から眺め

てみるとよりよく理解しやすくなる。一つには，国際社会はどのような構成員で成立しているかということを特定し，それぞれの構成員がどのような理由や目的でつながりを有しているかという構成員間の関係性を検討することである。誰がどのような目的で国際社会に参加してその社会を構成しているのかということは，その社会の構造上の特徴を知るうえで極めて重要である。二つ目に，現在のような国際社会がいつ最初に認識され，その後どのように発展してきたのかという歴史から見た考察である。社会の構成は時を経て変化するが，その社会に適用される法もどのように変化するのかを考察することが求められるからである。

（2）国際社会の基本構造と国際法の基本的特徴

　国際社会は，基本的に，権力主体としての**主権国家**で構成される分権的な社会である。国際社会には，国内社会に通常備えられている立法機関や司法機関，行政機関は存在しない。それに代わって国際社会において伝統的に権力を行使してきたのは主権国家である。国際法は，こうした国際社会の特徴に照らして，主権国家間の関係を規律する法とみなされてきた。世界政府は存在しないため，国家が自らを規律する国際法を形成し，自らこれを適用し実施してきたのが現実である。

　そのような国際法に国家が従うのは，国際法の遵守に自国の利益を見いだしているからであり，遵守それ自体が目的となっているわけではない。法に従って行動することで物事が円滑に進む社会や制度となっていれば，強制的な制度がなくても，法はそれが有用と判断される限り利用され遵守される。逆に，法の不遵守に不利益を上回る利益があれば，国家は国際法に反する行為をあえて行う可能性がないわけではない。

　こうして国際法は，しばしば国家の**国際違法行為**が行われること，そしてそうした違法行為が生じてもこれを正す手段が国際社会にはないこ

とから，国際法は法ではないという議論もかつては見られた。現在でこそ，国際法の法的性質を正面から否定する議論はほとんどないが，法の本質を強制と見るか，道徳との区別の基準は何かなど，規範的な観点からの問題に対して必ずしも明確な解答が与えられているわけではない。現在の学説は，むしろ実践的な観点から，いかに国家に国際法を遵守させるかという遵守理論に向かう傾向にあり，そこでは国際法の具体的・実践的な役割が探求されている。

（3）国際法の実践的役割

　国際法も法の一種である以上，国際社会の構成員の行動に影響を与えて守るべき一定の基準を提供するとともに，構成員間で紛争が生じた場合にはそれを解決する基準を提供することが主な役割となる。いわば秩序維持機能の観点からは行為規範として作用し，紛争解決機能の観点からは紛争解決規範や裁判規範として作用するのである。

　しかし，国際社会における国際法の役割はそれにとどまらない。法が人々の認識と判断の枠組みを提供するのと同様に，国際法も国際社会の構成員に対して認識と判断の枠組みを提供する。例えば，ある国からの鉄鋼についてだけ輸入数量を制限して鉄鋼輸出国との間で経済紛争が生じた場合，紛争当事国双方が世界貿易機関（WTO）の加盟国であれば，WTOの枠組みにおいてWTO協定という国際法の規則に従って紛争の定式化が行われて解決策が提示されることを，当該紛争当事国はいずれも認識しそれに従って行動する。また，そのような紛争が生じる前に関係国が日常的なやり取りを行って意思を伝達することも，国際法が定める規則に従うことが多い。これはあらかじめ同じ認識枠組みを共有しておけばコミュニケーションが円滑に行われやすいという効率性を重視してのことでもある。国際法は，その意味でコミュニケーション機能も発

揮する。

　こうした意思の伝達は，さらに人々の行動の根底に根差すべき理念の醸成も促進する。人権は守られるべきといった考えの広がりと浸透は規範の形成と並行して生じるからである。

　その他，国際法が国家をはじめとする様々な国際法主体の行動を正当化する根拠として用いられることも重要である。ただし，国際法に基づき行動する国際法主体が一義的に，しかも多くの場合最終的に，その解釈・適用を行うため，自己の利益に合致するよう都合よく国際法を利用しやすいことには留意しなければならない。国際法は，国際社会においてその規律が必要な分野で，そのように国際法を利用してきた国家により形成されてきた側面がある。このため，その時代時代を支配する国家が国際社会のみならず国際法をも支配してきたのである。

2. 主権国家体系の形成と近代国際法の成立

(1) 近代国際法の形成

　「国際」社会と呼ばれる社会は時代によって異なる。そして，その社会の構成員間の関係を規律する「国際」的な規範もその時代に特有の規範として存在した。例えば，都市国家と呼ばれる政体は古代におけるギリシャやローマなどにも見られ，古代ギリシャの都市国家間でも「条約」が見られたという。こうした都市国家間では，古くは紀元前3100年頃にメソポタミアの都市国家であるラガシュとウンマの間で，境界線を犯してはならないという「条約」が伝わっているが，この「条約」は，両者が神に誓約したとされるように宗教的性格を帯びていた。これも古代における「国際法」とはいえるが，諸国家を一つの法秩序に包摂する共通の法規範意識があるわけではなく，特に戦争後の講和を目的に断片

的な規範が形成されていたに過ぎない。

　国際法の原型は，16世紀以降のヨーロッパにおける近代主権国家の形成過程とともに現れた。この近代国際法がヨーロッパに登場した背景には，三十年戦争のような宗教戦争が生じていたにもかかわらず，ヨーロッパにはキリスト教的一体性が見られたこと，神学的な見地から超越的な理論を主張する自然法論が中世の神学者に唱えられていたこと，しかしローマ法が「書かれた理性」として尊重され，そうした神学的枠組みから抜け出すことが可能であったこと，コンソラート・デル・マーレと呼ばれるような，地中海や大西洋での通商航海で用いられる慣習規則が形成されていたこと，さらに中世末期のイタリア都市国家間で常設外交使節が派遣され，お互いの間で円滑に交流が行われていたことなどが挙げられる。

　近代国際法が形成される初期段階では，ビトリア，スアレス，グロティウスといった16〜17世紀初めの学者の主張には自然法思想が近代国際法成立の基盤として強い影響を及ぼしていた。このうちグロティウスは，三十年戦争の悲惨な状況を目の当たりにして，戦争の惨禍を最小限に抑えるべく戦争原因の特定と戦争においても守られるべき法の存在を主張して『戦争と平和の法』（1625年）を著した。彼の考えは，国際法が君主に対して超越的・客観的に妥当することが強調され，必ずしも国家主権観念を基調とした近代国際法思想ではなかった。

　近代主権国家が形成されるのは，三十年戦争の戦後処理を目的として開催されたウェストファリア会議を契機としており，神聖ローマ帝国が解体される過程に入り，ヨーロッパにおける法秩序の確立へとつながった。ただし，講和条約である**ウェストファリア条約**（1648年）の締結によって近代主権国家体制がすぐに成立したわけではない。その後，ハンザ同盟などの国家以外の団体が退場する過程を経て，ヨーロッパにおけ

る唯一の権力主体としての主権国家が並立する状況が，スペイン継承戦争後のユトレヒト条約（1713年）までに成熟していくことになる。また，主権国家の実行も時とともに豊富となり，関連する国家実行を踏まえた国際法規則が主権国家により形成されはじめたのもこの時期である。これに応じて学説もまた，自然法思想よりも国家実行に見られる諸国の合意を強調する傾向を帯び，特に『諸国民の法』（1758年）を著したヴァッテルは，国家の主権・独立の観念を基礎として主権国家を国際法主体とする近代国際法を初めて体系化したとされる。

（2）近代国際法の地理的適用範囲と規範内容・実現手段の展開

17・18世紀の国際法は，ヨーロッパのキリスト教国のみを主体とするヨーロッパ国際法としての性格を有し，国家間の権力闘争を合理的に調整するためのルールとして機能してきた。また，社会的・経済的観点からは，商業資本が絶対君主に服従する段階であり，重商主義政策の手段として国家間で通商条約が締結されるような時代であった。

これに対して19世紀に入ると，産業革命による近代資本主義の発達や交通・通信手段の進歩により国際貿易が拡大し，国家間の相互依存関係が深化するとともに，国際競争の激化によるその合理的な調整の必要性が生じ，商品交換を基盤とする近代的な市民法体系や近代法意識が各国に共通のものとなることでそれが可能となった。この時期にその姿を現した**近代国際法**は，こうした社会的・経済的環境の下で，地理的適用範囲の拡大とともに，規範内容とその手段の展開を遂げていく。

近代国際法は，キリスト教的ヨーロッパ国際法から地球全域に及ぶ普遍的な国際法へと，その適用範囲を拡大していった。そして，ヨーロッパ主権国家にとっては，領域取得の対象として客体であった非ヨーロッパ地域において政治的実体が「国家」として登場し，国際法の主体とな

る状況が生じたのである。18世紀末から19世紀初頭の米国およびラテンアメリカ諸国の独立では，依然としてヨーロッパ的伝統とキリスト教文化が維持されていた。しかし，19世紀半ば以降になると，欧米列強諸国はトルコ，中国，日本などと邂逅（かいこう）し，自らと同じ「国家」であるかどうかを吟味するようになる（「**国家承認**」制度）。それは，現地で欧米諸国出身の外国人も安全に生活し経済的な事業ができるような法律や制度の整備を求めることを意味し，国際法は，これまでのキリスト教的文化の同質性を基礎とした法から，「**文明**」概念を新たな基準とした「文明」国間の法へと認識されるに至ったのである。

　また，国際法の規範内容について，これまでの条約は国家間戦争を終結させるための講和条約が多かったのに対し，資本主義経済の発展と交通・通信手段の進歩を契機として国家間で通商条約が頻繁に締結されるようになった。相手国内における自国民の身体・財産の保護や営業の自由の確保が規定されたほか，最恵国待遇条項が導入され，最も有利な待遇がある国に与えられると他の国にも同一の条件が適用されることで，経済関係では事実上の多数国間ネットワークが構築されることになったのである。その他の分野では，領事制度や犯罪人引渡制度，さらに戦時国際法の発展が特に注目される。

　規範内容の展開とともに，その実現手段も多様化した。顕著なのは多数国間条約の増加である。多数の国家の将来の行動を一般的に規律する試みが，特に2回のハーグ平和会議（1899年と1907年）で多くの多数国間条約が締結された戦時国際法の分野において見られる。また，国際紛争処理方法としての仲裁裁判制度が一般的に用いられるようになってきたのも19世紀後半のことであるほか，同時期には，電信や郵便など様々な技術的・専門的分野において，国際交通と国際競争の合理的な調整のため，国際的に統一した基準を採択してその実施を保証することを目的

とした国際行政連合（万国電信連合や万国郵便連合など）が設立され発展した。

19世紀近代国際法の特徴の一つは，違法行為に対する**自助**（self-help）として**復仇**や**戦争**という形態による武力行使が合法であったということがある。国際社会には，国内社会のように紛争が必ず最終的には裁判所に係属するというような制度は存在しない。また，仮に国際裁判により判決が得られても，それを強制的に執行する中央集権的な機関もない。このため，国家には，自らの権利を守り実現するために武力の行使が国際法上認められていたのであり，経済活動の拡大で自国民が海外に展開する機会も増大したことから不測の事態には国家権力による擁護が当然のように期待されたのである（例えば「**外交的保護**」制度）。

国際法が諸国家間の意思の合致を基礎とする考え方（**意思実証主義**）が一般的となったことも，19世紀近代国際法の特徴の一つである。かつて正戦論の基礎となっていたような自然法思想が衰退し，多数国間条約の締結などの国家実行により国家の意思が確認され，国際法の規範内容が明確となっていったのである。

3. 国際社会の構造変化と現代国際法の展開

(1) 現代国際法における規範的転回

20世紀に入り，これまでの国際法の規範内容に大きな変革をもたらしたのが**戦争の違法化**である。**国際連盟**の設立（1919年）は，勢力均衡方式に代わって，国際連盟規約に反して戦争に訴えた加盟国に対して集団的に制裁を課す**集団安全保障制度**を導入して，この動きを側面から支援した。また，**不戦条約**（1928年）は，国家の政策手段としての戦争を国際法上違法な行為とした。この第一次世界大戦後の時期には，戦争の違

法化とともに，自助を禁止して集団安全保障制度に基づく制裁が組織化されたほか，**常設国際司法裁判所（PCIJ）**の設置により国家間の法律的な紛争を平和的に解決する制度も整備され，国際法による平和の実現が図られたのである。

　もっとも，戦争の違法化では戦意の表明のない事実上の戦争を禁止できなかったほか，国際連盟の集団安全保障体制には，侵略国の認定や制裁についての集権的な決定が困難で軍事的な手段も欠如していたという欠陥もあり，結果として第二次世界大戦の勃発を招くこととなった。

　第二次世界大戦後の**国際連合（国連）**は，その教訓の下で制度設計がなされている。一方では戦争だけではなく武力行使一般を禁止する原則**（武力行使禁止原則）**を規定するとともに，他方では集団安全保障制度についても，安全保障理事会による集権的な決定を定め，国連軍による軍事的強制措置を制度化した。

（2）国際社会の構成員の変化

　19世紀に「国際」社会はキリスト教国間の社会から「文明」国間の社会へと変化したが，そうした基準では，同質性を纏うことはできないほど社会の構成員が多様化したのが20世紀の国際社会の特徴である。

　20世紀初頭にロシア革命で成立したソ連が国際社会に登場した（国際法の観点からは，新国家の成立ではなく政府の交替）。資本主義諸国とは異なるイデオロギーと政治社会経済体制の国家が成立したことで国際社会の構成員の同質性が一部崩れることになったのである。ソ連は，資本主義国家と社会主義国家の双方に妥当する普遍的な国際法は不可能であるとして，西側諸国との一時的な併存を認める「過渡期国際法」を主張したが，冷戦の終焉によりそれは歴史的意義にとどまった。

　1950年代末以降，アジア・アフリカ地域で数多くの国家が植民地から

独立し誕生したことも特筆される。国連憲章でも規定された自決の原則に基づき、政治的独立を達成したこれら新興独立国は、この自決の原則が権利性を伴い**人民の自決権**として確立することに寄与するとともに、先進国との経済格差（「**南北問題**」）を是正するために経済的独立を掲げて、先進国が形成した既存の国際法規則や制度への挑戦を試みた。それは、経済発展のために自国内での天然資源の管理を主権の下に置く「**天然資源に対する永久的主権**」として結実し、貿易分野では途上国の産品に対する特別な待遇制度を設けることにつながったが、他方で先進国優位の国際経済秩序そのものを変革しようとする動き（「**新国際経済秩序**」**樹立宣言**）は失敗に終わった。しかし、欧米諸国とは異なる背景を持った主権国家が国際社会の構成員となったことは、国際社会がその構成の面で構造的に変化することになるとともに、経済面や軍事面などでそれぞれ違いのある国家を具体的に想定することにより、国際法の規範内容とその実現手段に大きな影響を与えることになった。

（3）冷戦の終結と現代国際法への影響

　1980年代末から90年代にかけて、ソ連・東欧圏の社会主義諸国が相次いで崩壊し、第二次世界大戦後に長く続いた東西冷戦構造は終焉を迎えた。その直後は、国連安保理でも五大国の一致が見られ、湾岸戦争（1990～91年）への対応のように、国連憲章上の集団安全保障システムが機能することが期待された。しかし、国境を越えたテロ活動への対処については一致した協力が行われても、アフリカを中心に各地域において勃発した内戦や、五大国が関与する紛争にはなお国連は有効な措置をとることができず、米国の単独行動主義に基づく一方的な活動を招くことにもなった。その米国も唯一の超大国とされた時代は短く、豊富な資源を背景に依然として大国の位置を占めるロシアや、経済大国として台

頭してきた中国との間で,政治的・経済的な緊張関係が続いている。

そうした緊張関係の一因ともなっているのが,国際社会における普遍的な価値をめぐる対立である。冷戦終焉後,西側諸国は,市場経済,人権,民主主義,環境保護などを普遍的な価値として掲げるが,国家主権を楯にこれに反対する立場もなお根強い。しかも,貿易と人権の関係など,それぞれの価値の間の序列も必ずしも明確ではない。

国際法の役割には,人々の行動に影響を与える理念の規範化とその周知があるが,そこでは,当然のことながら国際社会における価値の問題を避けて通ることはできない。また,価値の多様化とともに,科学技術の発展による規範の専門化により,高度に専門的・技術的となった規則とそれを取り扱うフォーラムの形成（WTOにおける貿易問題の処理や地域的人権裁判所における人権保障など）により,現実には**国際法の「断片化」**が進んでいるともいわれている。こうした国際法の統一性への挑戦に対して,法実証主義に基づく国家実行の重視という手法だけでは必ずしも適切な解答は得られない。倫理的・道徳的信念に法規範が追いつかない状況を前にして（人権保護のために武力行使禁止原則は制約されるべきという人道的介入論の主張など）,あるべき国際法規則の探求の観点から,今日,国際法学の理論が再検討される傾向にある（国際関係理論,批判法学,第三世界アプローチ,フェミニズム法学など）。

4. 現代国際法の特徴と基本原則

(1) 現代国際法の特徴

以上のような歴史的経緯を踏まえて現時点において存在する**現代国際法**は,それまでの近代国際法と比べると,以下のような特徴を有する。第一に,現代国際法では,諸国家が積極的に協働するために必要な競争

と協力の基本的な共通のルールを設定している。近代国際法は，国家主権を最大限に尊重してできる限り制約を加えることはなく，主権国家の行動や内政事項に対して抑制的にしか作用しなかった。主権国家間でその権限が抵触して紛争が生じないように国家管轄権を調整し，国家間で紛争が生じた場合にその解決基準を提示することにとどまったのである。これに対して現代国際法は，国益だけでなく国家間協力を前提に国際社会の利益も促進することを目的に，必要であれば主権国家の内政にかかわる基準を設定するのであり，それによる規律と調整が主な役割となった。

　もちろん，国際法は，いつの時代においても，主権国家による権限行使の範囲とその態様という国家管轄権の問題を扱うことを重要な役割とすることに変わりはない。安定した国内秩序を実現するのは唯一の実効的な権力主体で統治能力を有する主権国家であり，国際法による秩序維持は国家という枠組みを前提としなければならないからである。また，国内産業構造と国際経済との間の緊密な連関から，国内問題の解決のためには国際的な調整がより一層必要となっており，それぞれに特有の事情に対応した国内統治の方法に従って，国際法により調整された基準が各国において受容されなければならない。こうして国家は，一方で国際社会の一般利益の観点から，他方でそれとはしばしば相容れない国益の観点から，競争と協力のための共通のルールを模索するのである。

　第二に，戦争の違法化と武力行使禁止原則の確立により，現代国際法では，近代国際法での平時と戦時の二元的秩序が崩れ，領域取得権原としての征服が否定され，武力紛争時にも国際人権法が適用されるなど，武力行使禁止原則が現代国際法の各分野に影響を与えることとなった。

　第三に，法規範と法以外の規範との境界が不明確となってきたことが挙げられる。伝統的な国際法の存在形式（法源）である条約や慣習国際

法では，現代国際法に出現する新たな問題に関する国際社会の要求への対応が難しい場合が多く，また，そこでは主権国家以外にも様々な非国家的実体が関与することから，こうした非国家的実体が規範形成に参加するとともに規律対象となるためにも非拘束的文書（ソフト・ロー）が求められたのである。その他，規律すべき国際法が存在しない場合（**法の欠缺**），衡平の観念でその内容を補充することも現代国際法の特徴を表すものである。

第四に，近代国際法が，主権国家の平等に由来する，主として私法原理に基づく規範内容を有するのに対して，現代国際法では，国際社会全体の利益などを保護することを目的として公法的な性格を有する規範が発展し，国際社会全体に対する義務（obligations erga omnes「**対世的義務**」）や他の規範に優位する**強行規範**（jus cogens「ユス・コーゲンス」という）が導入されるとともに，強行規範を頂点として，国際法にいわゆる規範の階層性がもたらされたということがある。対世的な義務には人民の自決権を尊重する義務など，強行規範には侵略の禁止やジェノサイドの禁止などがその例として挙げられる。

（2）現代国際法の基本原則

現代国際法は，上記の特徴を反映して以下のような原則を有する。

まず，国家の基本権にかかわるものとして，**主権平等原則**がある。主権概念は国家の基本的な属性として尊重されており，それは他の国家からの不当な介入を排除する抵抗概念でもある。また，国家は領域にその基盤を置く領域主権国家として発展してきたことも踏まえると，この主権概念のコロラリーとして，主権平等原則，**内政不干渉原則**，そして**領土保全原則**が導かれることになる。これらは，近代国際法でも尊重されてきたが，現代の国際社会でも領域主権国家が主たる権力主体であり続

けることから，これらはなお重要な原則として重視されている。

　また，現代国際法に特有の原則として武力行使禁止原則があり，その論理的帰結として**紛争の平和的解決原則**も確立している。紛争は武力ではなく平和的手段で解決しなければならないのであり，紛争の平和的解決義務は武力行使禁止原則の存在を前提として実現されるのである。

　人権の国際的保障も現代国際法において新たな原則とされた。それまで国家の国内管轄事項とされていた人権問題が国際法による直接の規律と保護のための手続的制度の下に置かれたのである。しかも，人権の国際的保障制度は，個人を国際法における権利主体と認めるとともに，人権保護が武力紛争法を含む他の国際法分野にも影響を与えている。他方，個人を権利主体の地位まで高めることは，その活動内容によっては国際法上の刑事責任を個人に問うことになり，実際にも**国際刑事裁判所（ICC）**のような個人の刑事責任を追及する制度が構築されている。

　人民の自決権の尊重もまた，現代国際法上の基本原則となった。国連憲章は「人民の同権及び自決の原則」の尊重を掲げ，国連総会決議「植民地独立付与宣言」（1960年）は全ての人民の自決権を認めてあらゆる形態の植民地主義の早期かつ無条件の終結を訴えた。この自決権により，人民は自由に自らの政治的地位を決定するとともに，自由に自らの経済的・社会的・文化的発展を追及することになったのであり，国際人権規約共通1条に規定されたように，自決権は人権享有の前提条件とされている。

　国際社会の共通利益の保護・促進を目的として，国際社会の構成員が相互に協力が求められる**国際協力原則**も重要である。その具体的な内容は各分野の特徴に応じて多様であり，法規範として成熟しているか不確定なものも含まれる（国際環境法における予防原則など）。特に国家はこうした国際協力原則を自国の管轄権行使を通じて実現することから，

国家管轄権が行使されるところは国益実現の場であるだけでなく，国際社会の共通利益を実現する場にもなっているのである。

(3) グローバル化時代の「国際法」の展望

　デジタル空間やサイバー空間というこれまでの三次元とは異なる空間の創出や生成人工知能（AI）という人間とは異なる活動の規律対象の出現などに見られるように，現代そして将来の国際社会には更なる展開が期待される。科学技術の飛躍的な発展を受けて，こうした新たな事態に対する国際法の規律がこれまで通りのままなのかどうかも再検討の余地があろう。

　権力主体としての主権国家は，国際法規則の実効的な実施の観点から依然として重要である。しかし，非国家的実体の活性化などにより，その意義が相対的に減じる可能性も否定できない。国際法自体も，国家中心的な規範の性格をある程度維持するとしても，その形成過程や実現過程における非国家的実体の影響を大きく受けて，伝統的な国際法の存在形式である条約と慣習国際法以外の形式，いわゆる非拘束的文書（ソフト・ロー）の比重が強まり，その法規範性の再検討に迫られることになろう。さらに，こうした「国際法」が保護する法益を，人間中心主義の見方から離れて，生態系自体の保護のように，人間をその要素の一つとして相対化して再構築する傾向も出てくるかもしれない。

　こうしたグローバル化時代の「国際法」は，単に権力主体としての主権国家の併存とその国内統治に依拠するばかりでなく，世界政府なき国際社会におけるグローバル・ガバナンスの規範的手段として，個人，企業，非政府組織（NGO），国際組織，国際裁判所など様々な非国家的実体の役割を取り込みながら，規律内容を豊かなものとしつつある。また，国際社会の構成員が豊富となった多文化国際社会では，各構成員を

規律する複数の規範秩序の存在が前提となる。このため,「国際法」は,国境を越える規範が多元的に構成される中で,そうした他の規範との関係の再構築も求められる。こうしたグローバル化時代の「国際法」の在り方は今のところ未知の部分が多いがゆえに,予測の域を出ない。だからこそ,ここでは現代国際法の現在における到達点をしっかりと確認しておく必要がある。

学習課題

1．近代国際法と現代国際法のそれぞれの特徴を確認し,その違いが何に由来するかを考えてみよう。
2．非ヨーロッパにおける社会が国際法といかなる形で出会ったのか,特に日本やアフリカ諸国を例にとって調べてみよう。

参考文献

明石欽司『ウェストファリア条約』(慶應義塾大学出版会,2009年)
酒井啓亘「国際法学者は国際社会における『法の支配』の夢を見るか①〜⑥」『書斎の窓』687〜692号(有斐閣,2023〜24年) https://www.yuhikaku.co.jp/shosai
田畑茂二郎『国際法〔第2版〕』(岩波書店,1966年)
最上敏樹『国際法以後』(みすず書房,2024年)
柳原正治『グロティウス〔新装版〕』(清水書院,2014年)

2 │ 国際法の存在形式と非拘束的文書

《学習のポイント》 国際法の存在形式には，伝統的に，条約と慣習国際法があるが，ここでは主に慣習国際法の成立要件を解説するとともに，これらを補完する法の一般原則，衡平及び一方的行為という概念も説明する。さらに現代国際社会において，国家や非国家的実体の活動を規律するために有用な非拘束的文書（ソフト・ロー）の意義についても言及し，現代国際法形成過程の特徴についても触れる。
《キーワード》 条約，慣習国際法，二要件説，法の一般原則，判決，学説，衡平，一方的行為，非拘束的文書，ソフト・ロー

1. 伝統的な国際法の存在形式

（1） 国際法規則の形成と国際社会の特徴

現代の国際社会は，依然として主権国家を中心とした分権的な性格を帯びた側面を有している。国内社会では立法権とされる部門は，国際社会では国際法形成過程と見ることができるが，明らかなように，国際社会には，国内社会における議会に相当するような集権的な立法機関は存在しない。したがって，国際法の形成過程には，伝統的に，主権国家自らが遵守し実施に移すことを想定して法を創設するという特徴があり，国際法はその特徴を反映した形式で存在している（国際法の存在形式。**形式的法源**ともいう。法の形成に影響を与えるのが**実質的法源**である）。それが，**条約**であり**慣習国際法**である。これらは，国際法を適用して裁

判を行う国際司法裁判所（ICJ）の裁判所規程では，裁判所の判断の基準となる裁判準則としてそれぞれ ICJ 規程38条１項(a)(b)に規定されている。ここでは条約と慣習国際法のほか，同規程に定められている**法の一般原則**と国際法の存在確認のための補助手段である裁判上の**判決**と**学説**についても説明する。

（２）条約

　現代国際法の重要な存在形式の一つが条約である。条約は，国際法によって規律される国際法主体間の合意であり，条約法に関するウィーン条約が定義する条約は国家間の書面による合意に限定されているが，一般国際法上は国際組織など国家以外の国際法主体が締結した合意も，また書面ではなく口頭での合意も，国際法によって規律されているものは条約に含まれる。条約は，特定の国際法主体の間で締結されるに過ぎず，一般的に適用される規則ではないので，法の存在形式としての形式的法源とみなさない考えもあるが，条約の当事国を拘束し当事国間に権利義務関係を設定する効果を及ぼすことから法規範性を有することは確かであり，その意味で法として存在している。以下では，国家間条約を取り上げて説明する。

　条約の分類の一つは当事国の数による区分である。当事国が２か国だけの条約を二国間条約，３か国以上の当事国を有する条約を多数国間条約という。条約は古くから二国間条約が主流であり，その数は多数国間条約と比べて圧倒的に多い。しかし，国連総会の補助機関である国連国際法委員会（ILC）を中心とした国際法の法典化作業の成果として，条約法や外交・領事関係法，海洋法など国際法の主要な領域で多くの多数国間条約が採択されてきたほか，現代の国際社会では様々な分野において国家間で緊密な関係が構築され，経済，人権，環境など各分野におけ

る国際協力が強化され発展しており，その法的枠組みとして多数国間条約が数多く締結されてきた。特に，国際社会全体の利益を保護することを目的とした新たな規則を含む多数国間条約が，大多数の国家の支持を受けて，国連総会や外交会議で採択される状況は，「国際立法」と称するにふさわしい現象ではあるが，条約としての性質はなお維持されていることから，その効力は条約当事国のみに及ぶにとどまり，一般的な適用性を持つものではない。

　条約の効果は，条約に拘束されることについて同意した国家だけを拘束し，当事国以外の第三国に権利義務を創設しない。ただし，条約規定が慣習国際法規則となった場合や慣習国際法規則が条約規定として定められた場合，その条約規定の内容は条約の第三国にも，条約規定として適用されるのではなく，慣習国際法規則として適用される。

(3) 慣習国際法

　条約と並ぶ現代国際法の重要な存在形式が慣習国際法である。歴史的に見て，国際法は，ほとんどの分野において慣習国際法の形式で存在してきた。通商や外交関係・領事関係分野，そして戦争法の分野において比較的早く条約が登場し，第二次世界大戦後はILCによる国際法の法典化作業などを通じて多くの多数国間条約が締結されたとはいえ，慣習国際法は，国家の資格要件，国家承認・政府承認，国家の基本的権利義務，国家責任など，条約により規律されていない分野において，全ての国家を拘束する一般法（一般国際法）の性格を有することから，依然として現在も重要な役割を担っている。

　慣習国際法が法的拘束力を有する根拠は，条約と同様，意思主義の観点から，国家の同意に求められることもあった。条約がその当事国にしか拘束力が及ばないのに対して，慣習国際法には全ての国家を拘束する

役割が期待されたのであり，問題となる慣習国際法規則に賛同していない国家であっても，明示的に反対していないのであれば同意をしたとみなされるという**黙示の合意**が慣習国際法に拘束されることの根拠とされたのである。しかし，新しく国家が誕生して国際社会に参入する場合には，その国家が黙示的にも同意していないにもかかわらず，すでに存在する慣習国際法に従わなければならない。これは黙示の合意によっては説明できない現象であり，現在では黙示の合意は拘束されることの根拠としては採用されていない。慣習法規範の拘束力は国家の個別意思に基づくものではなく，したがって，全ての国家の法的信念が明らかにされなくても，慣習国際法規範の成立は確認できるのである。

慣習国際法は，国際社会の構成員全体を拘束する一般性を有するが，地域的な慣習国際法の成立は妨げられない（1950年庇護事件ICJ判決）。また，慣習国際法の形成過程において一貫してその成立に反対した国家は，その慣習国際法には拘束されないとする**一貫した反対国理論**（1951年ノルウェー漁業事件ICJ判決に依拠した理論）も，慣習国際法の効力が有する一般性の例外と位置づけられるが，こうした主張に対しては異論もある。

慣習国際法が成立するためには，国家の**一般的な慣行**という客観的要件と，その慣行が国際法上の義務として行わなければならない，または国際法上の権利として許容されているとする国家の**法的信念**という主観的要件の二つを満たす必要がある（**二要件説**）。慣行を形成するのは各国家の国家機関の行為（国際会議における国家代表の発言・投票や外国漁船の拿捕といった国内法の実施行為など）であり，諸国の慣行が一般性を有するには全ての国家が参加している必要はなく，特別な利害関係を有する国家も含め，広範で実質的に統一的であれば十分とされる（1969年北海大陸棚事件ICJ判決）。また，単に慣行の存在だけでは，法

的権利・義務を伴わない，儀礼や伝統に基づく慣行である国際礼譲と区別ができないため，法的権利・義務を定める慣習国際法の存在認定には法的信念という主観的要件が求められる。なお，法的信念は，国家慣行がより強い一貫性を有していればその存在に有利な推定が働き，逆に国家実行が不統一であれば規範意識に乏しいといえることから，これら二つの要件を別個に評価することは実際には難しい。

　もっとも，こうした要件は，次々と新たな事象や問題が国際法の規律対象となる現代国際社会において，これら問題に対応できるように慣習国際法を迅速に成立させようとするには，あまり有用ではない。比較的短期間に慣習国際法が成立するように，国家慣行の形成における時間的要素が緩和されたり（排他的経済水域制度の慣習国際法化について1985年リビア／マルタ大陸棚事件 ICJ 判決），慣行や法的信念に言及せず，多数国間条約の規定が慣習国際法を表しているといった根拠で慣習国際法の成立が認められたりする司法判断が見られるのは，国際法の規律が求められる問題について，条約が適用できない場合に，慣習国際法を適応させる工夫と見ることができる。

（4）法の一般原則

　ICJ 規程38条1項(c)では「文明国が認めた法の一般原則」が裁判準則として挙げられており，その登場は ICJ の実質的前身である常設国際司法裁判所（PCIJ）の裁判所規程（1920年）にさかのぼる。「文明国」という表現は当時の時代背景によるもので，現代では世界の主な法体系を表す「諸国」の意である。実際，国際刑事裁判所（ICC）のローマ規程（1998年）では「裁判所が世界の法体系の中の国内法から見いだした法の一般原則」とされている（ICC 規程21条1項(c)）。法の一般原則は諸国に共通の国内法上の準則に由来し，それが国際法の規則として適用さ

れる。その意味で、法の一般原則は、条約、慣習国際法と並ぶ国際法の存在形式の一つである。

　法の一般原則がPCIJ規程で導入された理由は、当時の国際社会とそこでの国際法の役割が影響している。20世紀初頭はまだ、国際社会のあらゆる問題を処理できるほど具体的な国際法規則は数多く存在していないという認識があり、それにかかわる紛争が裁判所に付託された場合に、裁判所は法の不存在（＝欠缺(けんけつ)）を理由に裁判ができないこと（**裁判不能**）を宣言せざるを得ないため、裁判所による紛争解決を通じた法の支配を実現する観点から、裁判不能を回避するための予防策として、PCIJ規程では法の一般原則という裁判準則を定めたとされ、それが現在のICJ規程でも維持されている。

　これまでPCIJやICJが法の一般原則と認めたのは、自己の行為を相手に信頼させておいて、後にそれとは異なる言動を行うことを禁ずる禁反言の原則（エストッペル）、信義誠実の原則、既判力の原則、違法行為についての責任発生の原則、主張する側が証明責任を負う証明責任原則などである。

（5）判決と学説

　ICJ規程38条1項(d)は、「法則決定の補助手段」として、裁判上の判決と諸国の最も優秀な国際法学者の学説を挙げる。これらは国際法の存在形式に該当しない。

　ICJの判決は当事者に対してだけ、そしてその事件についてだけ拘束力を有する（ICJ規程59条）。ICJに限らず、国際裁判では判決に先例拘束性はない。もっとも、過去の同種の事件での他の裁判所の判断を参照することは多く、特に常設的な裁判所は自らの過去の判断を頻繁に引用することで実質的な判例法(case law)の形成につながることになる。ICJ

の場合，判例法と自ら認めている実体法規則としては海洋境界画定規則がある。

　国際裁判所は，適用法規である国際法の内容を認定して適用することにより紛争を解決する機能を有するが，その機能を実現するにあたり，国際法の形成過程との関係では次のような役割がある。第一に，慣習国際法の内容の明確化である。例えば，1997年ガブチコボ・ナジマロシュ計画事件判決でICJは，当時ILCで議論されていた国家責任条文中の「緊急状態（state of necessity）」（その後の2001年国家責任条文では名称が「緊急避難（necessity）」に変更）を慣習国際法規則として扱い，その内容を説明している。第二に，裁判所の判決や意見が新しい国際法規則の形成の端緒となることがある。これには，後述のように，現代では多様な紛争解決機関や履行確保機関が設置され，これらが関連条約の解釈・適用を行うとともに，いかなる国際法規範が存在するかについての認識を提供する機会が増加していることがその背景にある。

　国際裁判所の中でもICJは，扱う紛争や適用する国際法規則の一般性のほか，国連の主要な司法機関としての地位から，高い権威を保持している。このため，単なる紛争解決機関にとどまらず，国際法解釈機関として裁判規範を明確にして事件に適用し，これが国際社会で行為規範として受け入れられ，国家がこれに従った行動をとることにつながる。判決は，それ自体は国際法の存在形式ではないが，国際法規範が存在する証拠を提供するものとして機能するのである。

　他方，国際法の形成に学説が直接影響を与える機会は，現在では少ない。主権国家が登場し近代国際法が形成されつつあるその黎明期には国家実行も不足しており，自然法理論の影響を受けてグロティウスらの学者の学説が重要な役割を果たしたが，その後，国家実行を重視する法実証主義が隆盛を極めると，相対的に学説の意義は低下していたからであ

る。

　もっとも，現代においても学説は，国際法の形成や明確化に間接的な形で影響を及ぼしている。ICJの判決や勧告的意見の理由において学説が引用されることはほとんどないが，裁判官の個別意見にはしばしば言及があるように，裁判官の判断形成の参照材料となっており，このことは学説が実際にはICJの判決理由形成にも影響を与えていることを示唆している。また，万国国際法学会や国際法協会など権威ある学術組織の研究や決議も国家や国際組織の実行に与える影響は大きい。

　こうした学説は，現代の国際法の形成過程に関与する様々な実体に専門知識を提供することにより条約の形成に影響を与え得るほか，新たに生起する現代的な課題に関連して問題提起を行い，規範意識を醸成する役割を果たすことが期待されている。

2. 国際義務の創設に影響を与えるその他の要因

(1) 衡平

　衡平は，国際法の形式的法源ではないが，国際法規則に類似する働きをする。それは，実定法規則をそのまま機械的に適用すると不合理が生じることを理由として，具体的事態に当該規則を適応させる是正基準であり，裁判における判断の基準として援用されることがある。

　国際法における衡平には，公正で妥当な結果がもたらされるように実定法規則を最も正義にかなった形で解釈する**法の下での衡平**，実定法が不存在・不明確な（すなわち欠缺している）場合にこれを補充する**法の外にある衡平**，実定法に反して平等・善・正義に基づき適用される**法に反する衡平**の3種類がある。海洋境界画定における「衡平な解決」（国連海洋法条約74条1項・83条1項）は法の下での衡平である。

ICJ規程38条2項は，当事者の合意により「衡平及び善」(*ex aequo et bono*)」を適用した裁判が可能とされている（国際海洋法裁判所も国連海洋法条約293条2項で適用が可能）。これにより法の外にある衡平や法に反する衡平を適用することができるが，これまでその例はない。

（2）一方的行為

一方的行為とは，国際法上一定の効果を生じさせるために国際法主体が行う一方的な意思表示である。ここでは国家の一方的行為を扱う。

一方的行為の一種に**一方的宣言**がある。国家が他国に対して国際法上の義務を引き受けることを一方的に約束することだが，こうした約束の宣言は一定の条件で宣言国を法的に拘束する。1974年核実験事件判決でICJは，フランスが南太平洋での大気圏内核実験を行わない旨の一方的な声明を発表したことについて，一方的宣言が法的義務を創設する効果を有する場合があることを認めたうえで，宣言が法的拘束力を有する条件として，公の場で宣言が行われ，拘束される意図を有することを挙げた。したがって，一方的宣言が法的拘束力を有する場合があることは認められているが，公の場で拘束される意図をもって行われることのほか，その後の判例でさらに，一方的宣言が法的拘束力を有するのはそれが自国を法的に拘束する唯一の手段である場合に限られるという条件も付け加えられている（1986年ブルキナファソ／マリ国境紛争事件ICJ裁判部判決）。

もっとも，一方的宣言それ自体から法的拘束力が生じるかどうかには異論もある。核実験事件判決でICJは，宣言国の拘束力を認める意図の必要性に言及した以外に，法的義務の創設と履行を規律する基本原則として信義誠実の原則にも触れているからである。一方的宣言の法的効果は，宣言国の意図という意思主義に基づくだけでなく，他の諸国に生じ

る期待可能性の保護という客観的な状況にも由来するのである。

　法的拘束力を有する一方的宣言以外の国家の一方的行為は，慣習国際法や条約といった国際法に基づく行為と，自国の国内法に基づく行為に分けられる。前者には，特定の事態や他国の主張を争わず国際法上の権利を設定して，確認・受諾した事態の有効性を後に争うことを排除する効果を有する**承認・黙認**や，特定の事態や他国の主張の法的効果の発生を阻止するために行う**抗議**などが含まれる。他方，後者の国内法に基づく一方的行為は，排他的経済水域の設定や国籍の付与，通商上の禁輸措置など多数に上るが，第三国との関係で有効に主張できるためには（すなわち，**対抗力**を有するには），国際法上の要件や基準を満たすことが求められる。

　一方的行為の意義の一つは，国際法規則の不明確な分野において国家が一方的な行為を行うことにより，将来の国際法規則の構築の契機となり得るということである。急激に変化する現代国際社会では，新たな事象が生起するたびに既存の国際法は適用できず，新たな国際法規則も整備されていないということが起こり，場合によっては国際法の欠缺が生じてしまう。しかし，形成や締結までには時間がかかる慣習国際法や条約では迅速な対応ができない。そこで，国家が自国の国内法令の執行という形で国際社会の共通利益を保護し秩序を回復するために一方的行為を用いるのである。ただ，こうした一方的行為の利用には濫用の危険があることから，それが行われる分野において，既存の国際法規則にいかなる問題があるのか，新たに求める一般国際法規則を正当化する根拠や基盤はいかなるものか，といったことが問われることになる。

（3）非拘束的文書

　条約など法的拘束力ある文書を重視する観点からは，法的拘束力を有

しない**非拘束的文書**（ソフト・ロー）は，それ自体では規律手段としては不十分であり，法的拘束力ある文書による補完を要するものとされる。したがって，世界人権宣言，宇宙の法的地位に関する宣言，深海底原則宣言といった国連総会決議は，それぞれ一般的な政策方針や創設されるべき規範内容を明確にする点で有用ではあるが，後に採択される条約（国際人権規約，宇宙条約，国連海洋法条約）の導入としての意義にとどまるとされたのである。非拘束的文書のこうした利用方法は，現在においても意義を失ってはいない（2011年ビジネスと人権に関する指導原則）。

他方で，非拘束的文書そのものに意義を見いだし，場合によっては既存の条約や慣習国際法との協働によって規範的な規律と国際法の発展を促すことも行われている。そのような場合における国連総会決議の役割については後述する。宇宙空間やサイバー空間での活動を規律する際に非拘束的文書を重視する傾向が見られるが，それは，多様な非国家的実体がステークホルダーとして参入し得る分野ほど顕著である。非拘束的文書は，国家が国際法形成の補助手段として用いるだけでなく，非国家的実体の関与を認め，さらには非国家的実体が主体的に参加し，国際的な行為規範の作成に関与する受け皿にもなる点で，現代国際法形成過程にとって重要な手段である。

3. 現代国際法形成過程の特質

（1）国際社会の緊密化と構成員の多様化

現代の国際社会では，その構成員の活動を規律し構成員間の争いを解決する規範を従来の条約や慣習国際法という伝統的な手段により形成することは，極めて不都合となっている。それは，国際社会での社会的・

経済的要因に由来する客観的な情勢の変化と，そうした社会の在り方に対応して国際法の役割に求められる規範的要請の変化を理由とする。

　前者については，国際法の形成・実現に関与する主体が国家のみならず，私人，企業，非政府組織（NGO）など多種多様となり，法形成の主体と法適用の対象が拡大して，国際法の形成過程に影響を及ぼしているということや，科学技術の発展により国際法が規律すべき領域が，宇宙，深海底，サイバー空間など次々と拡大していること，さらには国際社会が緊密な関係を深める中で，新たに生起する課題への対処に迅速性が求められることなどがその内容である。また，後者の特徴は，近代国際法が主権国家体制を基盤に私法原理を基調とした秩序を構築してきたところへ，主権国家の平等性や国家主権への不介入を超える価値が出現し，国際社会全体の利益を増進する立場から公法原理が導入され，**強行規範，対世的義務**という概念の実定法化が求められたということに現れている。

　もちろん，そうした状況の変化に対して，従来の国際法の存在形式にも一定の工夫がなされてきた。条約については，その一例として，一般的な性格を有する多数国間条約が締結される傾向を挙げることができる。そこでは，多数国間条約と慣習国際法の相互浸透という側面が確認される。両者の関係は，既存の慣習国際法規則を宣言する慣習法宣言条約，その条約を採択したことにより慣習法規則が明確となったという慣習法結晶化条約，条約が採択されたことで事後的に新しい慣習法規則が創設される慣習法創設条約と区分する見方もある。しかし，ここで重要な点は，一般国際法としての性格を有する規則が慣習国際法を通じて多数国間条約の規定に反映することで，慣習国際法の成立要件に依拠せずに，当該条約規定が一般的な性格を有して適用される可能性が確保されるということである。

（2）規範形成手段の展開

　非拘束的文書の役割はすでに述べたが，ここでは国連総会決議と国連安保理決議が果たしている役割について整理しておく。

　国連総会決議については，メンバーシップや予算関係といった国連の内部事項にかかわるものには加盟国に対する拘束力があるが，それ以外の決議には法的拘束力がない。しかし，そうした対外的な決議でも一般的な有効性を有する法規範の創設に貢献し得る場合がある。それは国連総会という組織の性格に起因する。すなわち，国連総会は，国連加盟国の普遍性（193か国の参加）や扱う事項の範囲の一般性から，国際社会全体を代表する正統性を有し国際的権威を帯びているのであり，その総会の決議もまた，国際社会全体の意思を体現し得るということである。

　実際，国連総会決議は一般国際法の認識根拠として有用な場合があり，条約や慣習国際法との関係で，以下のような具体的意義を有する。それは，既存の国際法の確認及び明確化（国連憲章の具体的規範としての友好関係原則宣言（1970年）），既存の国際法の一般性への疑問視（公海自由原則への挑戦としての深海底原則宣言（1970年）），採択後の法典化条約に向けた規範的枠組みの設定（国際人権規約に先行する世界人権宣言（1948年）），法の不明確な領域での新たな規範意識の表明（宇宙条約に先行する宇宙の法的地位に関する宣言（1962年））など，慣習国際法概念を用いずに一般国際法規則を認識し得る道具としての意義である。

　ただし，国連総会決議自体に法的拘束力がないことには変わりがなく，また法的拘束力がないことを前提として決議に賛成する加盟国も存在するわけで，そのように採択された決議は必ずしも一般国際法規則に拘束される旨の表明にはならないということもいえる。また，法と非法を厳然と区別すべきという立場からは，法的拘束力のない総会決議の

「一般性」を強調することで，同じく一般性を有する法としての慣習国際法の法規範性まで不明確にしてしまうという批判がある。

　国連安保理決議は，国連憲章25条に基づき，安保理の決定による場合には国連加盟国全てを拘束することが可能である。この決定が一般的に適用され国際立法となる可能性が議論されるのはこのためである。なお，安保理の決定は，ICJによれば，国連憲章7章に基づく強制措置に限られないが（1971年ナミビア事件ICJ勧告的意見），安保理の実行上は憲章7章に基づく強制措置に限定されてきた。

　憲章7章下の措置は，本来個別事例への対応であり，事件性と当事者を特定して武器禁輸措置といった関係当事者間の権利義務関係の変更を行うものであって，必ずしも一般的な法の定立を想定していたものではない。しかし，冷戦終結後に旧ユーゴスラビア国際刑事裁判所（安保理決議827）やルワンダ国際刑事裁判所（安保理決議955）がこうした措置で設置されたほか，より一般的には，国際テロリズム取締り（安保理決議1373）や大量破壊兵器拡散防止（安保理決議1540）との関連で，憲章25条に基づく決定を通じ一般法として法的拘束力ある規則を定立したことが，安保理の「国際立法」能力を認めることにつながるのではないかとも考えられた。

　このように安保理決議は，その内容によっては一般的な適用可能性を有する「法」としての性格に近いものも生み出されたことは事実である。ただ，安保理に法を定立する権限が国連憲章により与えられていたとはいえないであろうし，安保理を構成する15か国が国際社会を代表して「法」を定立できるのかという安保理の正統性への疑問が提起されていることも見逃してはならない。

(3) 国際法形成過程への関与主体の多様化

　ここで取り上げるのは，NGOと紛争処理機関の活動である。

　国際法形成過程へのNGOの関与の拡大と増大は，国際社会の共通利益を保護するために外交会議で多数国間条約が議論される機会が増えたことに関連する。会議参加国の国家意思形成への働きかけのために主として国内政策決定過程で関与したり，場合によっては参加国の代表団の一員となるなどの方策をとったり，広く国際社会において法形成の必要性を認識するよう世論に訴えて活動することなどはこれまでも行われてきた。気候変動枠組条約や対人地雷禁止条約，国際刑事裁判所規程などの採択には，そうした努力を通じてNGOも貢献しているのである。

　最近では，科学技術の進展により情報の流通が活性化し，インターネットの活用で，必要な情報収集と情報の周知・共有が迅速かつ大規模に行われ，一般市民の意見の表明も行われやすく，かつ，諸国の政府のほか様々な私人・団体にもそうした情報や意見が届くようになった。情報収集と情報発信の双方を通じて国際法への関心が身近なものとなることで，それに影響を受ける多くの人たちが国際法形成過程に参加する可能性が拓かれているのである。

　多様な紛争処理機関の「増殖」も国際法の形成に影響を与えている。国際裁判所の判決が単独でも国際法の形成に寄与し得ることはすでに述べたが，ここでは裁判制度の多元化が国際法の統一や調和的発展にどのような影響を及ぼすかということが問題となる。一方で，様々な国際裁判所の判例で確認される国際法規則が一致しないという「国際法の断片化」のおそれが生じ，他方で，国際裁判所の判例は事案に応じて重みも変わるものの，各裁判所の判断が集積する中で正当なものが法として確立していく過程も現れている。この過程では，判決内容の正しさや裁判所の正統性のほか，そうした裁判所の判断に国家実行が付随することで

確保される一定の実効性も考慮されることになる。

　多数国間条約との関係では，新たな国際法規則を生み出す多数国間条約に紛争解決条項が組み込まれることで，紛争処理過程と立法過程が連続性を持つことになるという点が注目に値する。こうした多数国間条約では，各国の利害対立を緩和させるため慎重であいまいな規定が定められやすい。そのため，問題の条約規定の適用や運用に関するその後の国家実行を通じて具体的な内容が明確になることが期待されることになる。しかし，条約当事国が自国に有利な解釈・適用を行えば，関係国間に紛争が生じることは避けられない。そこで，国連海洋法条約のように，条約内に義務的な紛争解決手続を用意し，紛争解決機関の判断により有権的に問題の規定を解釈・適用してその内容の明確化を図ることが制度化されている。個別的な紛争解決の過程と，条約規定の明確化という立法過程とが結びつくことで，国際法形成過程に国際裁判所は一定の寄与を行っているのである。

学習課題

1. 現代国際法の存在形式として，条約と慣習国際法だけでは法的な規律手段が不十分であるといわれる理由を考えてみよう。
2. 宇宙活動をめぐる国際法による規律がどのように発展してきたかを，宇宙法の形成過程の観点から調べてみよう。

参考文献

江藤淳一『国際法における欠缺補充の法理』（有斐閣，2012年）
小森光夫『一般国際法秩序の変容』（信山社，2015年）
小森光夫『一般国際法論序説』（信山社，2022年）
中村仁威『宇宙法の形成』（信山社，2023年）
中村耕一郎『国際「合意」論序説』（東信堂，2002年）
松井芳郎『国際社会における法の支配を目指して』（信山社，2021年）
村瀬信也『国際立法』（東信堂，2002年）

3 | 条約法と外交・領事関係法

《学習のポイント》 条約や外交は，主権国家間の円滑な関係を維持するための手段として用いられている。まず，ウィーン条約法条約の関連を参照して条約法の内容を概観した後，外交関係法と領事関係法について，それぞれウィーン外交関係条約とウィーン領事関係条約の規定内容に即して説明する。
《キーワード》 条約法条約，留保，解釈，無効・終了，外交関係法，領事関係法

1．条約を規律する国際法

(1) 国際社会における条約とその役割

　条約とは，国際法により規律される国際法主体間の合意であり，当該国際法主体を法的に拘束する。国家が他の国家と締結する条約や，国際組織と締結する条約がその例である。また，意思の合致があれば文書形式である必要はなく，口頭の合意も条約となるが，後にその解釈や適用に関して混乱するおそれがあることを考えて通常は文書に記録される。条約は「国際法に規律される」合意でなければならず，国内法により規律される契約や政治的な約束は条約ではない。なお，この条約の定義に該当する文書には，協定，憲章，規約，議定書など様々な名称があるが，国際法上の「条約」とされるかは，名称の如何を問わず，上記の定義に当てはまるかどうかで決まる。
　条約は，国際社会において国際法主体間の関係を円滑に運営してその

活動を秩序づける。条約当事者は条約を守ることが自らの利益につながる一方，その違反は他の条約当事者からの非難を受けるのであり，条約はその条約当事者にとって自らの行動の規範的な正統性の淵源となる。

　こうした役割を有する条約の締結や効力の発生，解釈，終了などに関する国際法規則の総称を**条約法**という。これまでの条約法に関する慣習国際法規則を成文化し，さらに条約法規則の発展を取り入れて作成されたのが**ウィーン条約法条約**（1969年採択，1980年効力発生）である。この条約法条約は，国際法により規律される国家間で締結された文書形式の合意を条約と定義しており（2条1項(a)），国家とそれ以外の国際法主体間の条約や口頭の合意をその適用範囲外としている。他方，国家間条約に関する条約法規則については，その主要な部分を規律する内容を含んでおり，現在ではそのほとんどが慣習国際法規則となっている。

（2）条約の締結手続と効力発生

　条約の締結手続は，交渉・署名・批准・批准書の交換または寄託などの一連の過程をいい，条約法条約は慣行を踏まえて柔軟な形でこの手続を成文化している。以下では，条約法条約に依拠して主に国家間条約を扱う。

　条約締結者は，国家の条約締結能力を有する国家機関で，その国の国内法に従い，国家元首や行政府がこれを担う。実際には全権代表が交渉を行って条約締結権を行使し，伝統的には**全権委任状**を提示して代表資格の確認が行われる（7条1項(a)）。

　交渉がまとまった後，条約は，その作成に参加した全ての国家の同意または三分の二の多数決で採択されるが，実際に多いのはコンセンサス方式である（9条）。その後，条約文の確定が**署名**や追認を要する署名などにより行われる（12条）。条約文は，この確定により「真正かつ最

終的なもの」となる（10条）。

　国家は条約に拘束されることについて同意を表明して初めて当該条約に拘束されることになる。最も一般的な手続は**批准**であり（14条1項），その他に条約法条約では**受諾**，**承認**（14条2項），さらには**加入**（15条）という方式が定められているが，どのような方式が必要とされるかは条約自身に定められているのが通常である。もともと署名とは別に批准が求められたのは，全権代表による署名が本国の意思に従ったものであることを確認するためであったが，現代においては，行政府の条約締結権を国民の代表からなる議会の統制の下に置くという**条約締結の民主的統制**の要請に基づき，議会が条約締結手続を審査・承認することが行われるのである。

　もっとも，国際関係の緊密化により条約の迅速な締結が求められることから国内でも手続の簡素化が要請されるため，署名のみで効力が発生する条約や条約を構成する文書の交換（交換公文）で効力が発生する条約も締結されており（**簡易形式の条約**），現在締結される条約の多くはこうした方式である。本来は条約の民主的統制の観点から，全ての条約の締結に議会が関与することが望ましいが，物理的にも困難であるため，議会が承認する条約は一定の種類に限らざるを得ない。日本では，国民の権利義務に関わる法律事項を含むもの，財政事項を含むもの，そして政治的に重要な内容を含むものを**国会承認条約**として，外交関係の処理の一環として行政府だけで締結できる**行政取極**と区別されている。

　条約の効力が発生する要件は，その条約自体が定める場合が多い。一般には条約に対する国家の最終的な同意が確定的になったときに条約の効力が発生し（24条），具体的には，二国間条約では批准書等の交換で，多数国間条約では国連事務総長などへの批准書の寄託で発生する。

他方，簡易形式の条約は，署名や文書の交換で効力が発生する。なお，批准等を要する条約の署名国は，署名だけで条約に拘束されることはないが，条約が発効するまでは当該条約の趣旨目的を失わせるような行動を取らない義務を有する（18条）。

条約は，国連事務局に登録される。未登録の条約は，国連の機関で援用できないが（国連憲章102条参照），効力に影響はなく，国連の機関以外の場では援用可能である。

(3) 条約に対する留保

留保とは，条約の特定の規定が自国に適用される際にその法的効果を排除・変更することを意図して，条約の署名，批准，加入等において行う国家の一方的な声明で（条約法条約2条1項(d)），通常は多数国間条約に付される。条約の義務の一部には同意できないが，その条約自体には参加したいという国家のために，同意できない義務を除外・変更できるようにして参加を促すのが留保制度の意義である。このように留保制度は，条約当事国に課される義務を同一としつつ（**条約の一体性の要請**），条約にできるだけ多くの国家に参加できるようにする（**条約への普遍的参加の要請**）ことを目的としているのである。

この二つの要請をバランスよく保つためには，許容される留保の基準が明確でなければならない。国際司法裁判所（ICJ）は，この留保の許容性について，留保は条約目的と両立すべきという**両立性の基準**を表し（1951年ジェノサイド条約留保事件勧告的意見），これが条約法条約の留保制度に反映されている（19〜23条）。それによれば，留保の許容性について，その条約の当事国が，留保を受諾するか，留保に対する異議を申し立てるかを個別に判断する。一般に，留保国と留保受諾国の間では，留保の限度に変更された関係規定が適用され，留保国と異議申立国

との間では，条約そのものが適用されないか，条約が適用されても関連規定は留保の限度において適用されないかのいずれかとなる。

　人権条約の場合，人権を保障する義務を条約当事国に課すため，条約法条約の留保制度が想定するような国家間の権利義務の相互性は欠如している。このため，留保が条約との両立性に疑いがあっても個別の条約当事国から異議が申し立てられない可能性もあることから，人権条約において条約当事国が集団的に両立性の認定を行う制度が設けられたり（人種差別撤廃条約20条2項），一部の国家からは権限踰越という非難があるものの，人権条約が設置した機関に留保の両立性を審査する権限を認める立場も打ち出されている（自由権規約委員会一般的意見24とそれに基づくロウル・ケネディー事件決定）。

（4）条約の解釈

　条約規定の意味と内容を確定するためにはその規定を解釈しなければならない。解釈の手法には，条約の文言から確定する**客観的解釈**，条約締結時の当事者の意思から確定する**主観的解釈**，条約自体の目的から確定する**目的論的解釈**がある。

　条約法条約の解釈規則も以上のような手法を取り入れる一方，客観的解釈を原則としており，「用語の通常の意味に従い，誠実に解釈する」がそれにあたる。この「用語の通常の意味」は，「文脈により」かつ条約の「趣旨及び目的に照らして」与えられ（31条1項），文脈には条約文，条約締結に関連した全ての当事国の合意，そして条約締結に関連して作成された文書が含まれるほか（同2項），文脈とともに，条約の解釈・適用に関する当事国間の事後の合意と，条約の適用に関する事後の慣行で，解釈についての当事国の合意を確立するもの，さらに当事国間に適用される国際法の関連規則が考慮される（同3項）。それでも意味

が不明確な場合には，解釈の補足手段として条約の準備作業なども援用される（32条）。

条約が複数の言語で確定される場合，各言語での条約文は正文として等しく権威を有する（33条）。日本政府による日本語の公定訳のような正文でない言語による訳文は国内的な権威しか持たない。複数の正文が異なる意味内容を有する場合には，条約の趣旨・目的を考慮して全ての正文について最大限の調和が図られる意味が採用される。

(5) 条約の効力

合意は守られなければならず（*pacta sunt servanda*），条約も合意の一種である以上，当事国には条約を誠実に履行する義務がある（26条）。条約義務を免れる理由として自国の国内法を援用することはできない（27条）。条約は不遡及とされ（28条），その国について効力が発生した日より前に生じた行為や事実について当事国を拘束することはない。

また，条約は当事国のみを拘束する。当事国以外の第三国は，書面による明示の同意がなければその条約に基づく義務には拘束されない（35条）。条約が第三国に権利を付与する場合も当該第三国の同意が必要だが，反対の意思表示がなければ同意の存在は推定される（36条）。

このように，条約は，当事国の真正の同意に基づく合意で効力を有し，法的安定性を確保する。したがって，条約の効力の前提となる同意に瑕疵があったり，同意の内容が強行規範に違反する場合には，条約自体が無効となる。しかし，条約の無効を認めると条約関係の法的安定性を損なうことになるため，そのためには厳格な要件と手続が必要となる。条約法条約では，条約の無効原因を八つのみに限定している。

第一に，**条約締結権限に関する国内法違反**である。手続上憲法に違反して締結された条約について，条約法条約は原則として有効とし，違反

が明白で基本的な重要性を有する国内法規則の場合にのみ無効を認めている（46条）。第二に，国家の同意を表明する代表者の権限に付された制限を超えており，その制限が交渉相手国に事前に通告されている場合には，**権限踰越**が無効原因となる（47条）。第三は，事実や事態に関して**錯誤**があった場合で（48条），実際には地図上の境界線についての錯誤がほとんどである。第四と第五がそれぞれ**詐欺**（49条）と**買収**（50条）で，これまで前例はないものの，条約法条約が無効原因について網羅主義を採用したことから，ここに含まれたものである。第六に，**国家の代表に対する強制**であり（51条），代表者及びその家族に対する脅迫が該当する。第七に，**国家に対する強制**が挙げられる。伝統的に国際法は，戦争などによる強制の結果として締結された条約は一般に有効とされていたが，武力行使が禁止されている現代国際法においては，その結果締結された条約は無効となる（52条）。第八に**強行規範**の違反があり，この規範に抵触する条約は当然に無効となる（53条）。

　有効に成立した条約が効力を失ってその存在が消滅する**条約の終了**と，条約自体は存続するが，効力が一時停止する**条約の運用停止**には，それぞれ当事国の合意による場合と合意によらない場合がある。前者については，一定期間の経過後に当事国の一方的な廃棄通告により終了するというように，条約中に終了要件の規定を置くものも含まれる。後者について，条約法条約は，法的安定性を考慮して，四つの場合に限定している。第一に，条約を否定したり，その趣旨・目的の実現に不可欠な規定の違反のような，**条約の重大な違反**の場合である（60条）。第二に，条約の実施に不可欠な対象が消滅する場合で，**後発的履行不能**といわれる（61条）。第三に，条約の効力はその締結時の事情の存続を条件とするため，条約締結時に存在していた事情に当事国が予見し得なかった根本的な変化が生じた場合には，条約の終了や運用停止の根拠とすること

ができる。これを**事情変更の原則**というが、濫用の危険がきわめて高いことから、事情が当事国の同意の不可欠の基礎を構成しており、その変化が条約上の義務の範囲を根本的に変更する効果を有するという厳しい要件が定められている（62条）。第四が、**強行規範の成立**により既存の条約が当該強行規範に抵触する場合である（64条）。

2．外交関係法と領事関係法

(1) 外交関係法の目的と特権免除の性質

外交は、国家間の協力と相互の連絡や理解を促進し、紛争の平和的な解決を図るための重要な役割を担っている。このため、外交関係を規律する規則は国際法の中でも最も古く誕生したものの一つであった。外交使節は、その本国（**派遣国**）のために外交の任務を遂行することを目的として外国（**接受国**）において派遣国の国家機関として常駐する。この制度は、13世紀にイタリア都市国家間で相互に使節が派遣されたことに端を発し、その後ヨーロッパ諸国に広まった。こうして外交関係に関する規則は古くからの国家実行を通じて慣習国際法として発達しており、国連国際法委員会（ILC）の作業により1961年に**ウィーン外交関係条約**として法典化されている。

外交使節は、接受国内で派遣国を代表して派遣国とその国民の利益を保護するなどの任務を行い、接受国は、派遣国の外交使節の受入れに同意した場合、当該外交使節に特権免除を付与する義務を有する。こうした活動に関する規則を定めるのが**外交関係法**である。外交関係法によれば、派遣国の外交使節に対して接受国は包括的な保護を与え、他方、派遣国の外交使節は接受国の管轄権の下に置かれる事項に干渉しない義務を有する。

外交関係法には二つの特質がある。第一に、外交関係法の規則の適用では二国間において**相互主義**が働きやすい。二国間関係では国家は接受国と派遣国の双方の立場となるため、派遣した外交使節に対して接受国が義務違反行為を行えば、自らも接受国の立場で相手国が派遣している外交使節に対して一定の措置をとることが認められる。このような相互主義が働くことから、外交関係法は比較的よく遵守される。

　第二に、外交関係法は「**自己完結的制度**」といわれる。すなわち、外交使節に与えられる外交特権免除に関する接受国の義務が定められるとともに、特権免除の濫用に対応するために接受国が取り得る手段が外交関係法により特定されている（1980年在テヘラン米国大使館人質事件 ICJ 判決）。これは、紛争が生じた場合にその平和的解決に向けて外交交渉の窓口を残すため、安易に経済制裁や武力行使などに頼らないようにするためである。この制度に特有の接受国の対応として、外交関係法上の義務違反を行った外交使節団の外交職員については、その派遣国に当該職員の召還を求めて出国をさせ、特権免除の享受を認めないという**ペルソナ・ノン・グラータ**の措置がある（外交関係条約9条参照。外交職員以外の職員については「**受け入れ難い者**」の通告として同様の措置が行われ得る）。もっとも、濫用防止措置としては外交関係法では不十分であることから、一般国際法上の対抗措置が可能という主張もある。

　外交特権免除の根拠は、外交使節がその任務を能率的に達成するための必要性に基づくとする**職務代表説**を主としつつ、外交使節は派遣国の威信や独立を代表しており、接受国は国家免除の場合と同じく広範な特権免除を認める義務を負うとする**国家代表説**を考慮して主張されている（外交関係条約前文参照）。この外交特権免除は、外交使節団に関係するものと外交官個人に関係するものとに分類される。なお、この外交特権免除は外交使節の本国に認められるので、その放棄も外交使節ではな

く，その本国が行う。

（2）外交使節団と特権免除

　外交使節団は，接受国において派遣国を代表し，その一般的な授権・指令の下に，接受国の同意を得て恒常的に外交関係を処理する国家機関であり，接受国政府との交渉，派遣国とその国民の利益の保護，接受国における情報収集，接受国との友好関係の促進を主な任務とする（3条）。外交使節団の構成員は**使節団の長**と職員であり（1条(b)），使節団の長は現在では大使の名称となることが通常である。職員は**外交職員**，**事務・技術職員**，**役務職員**からなり（同(c)），それぞれ享有する特権免除の範囲が異なる。いわゆる外交官は使節団の長と外交職員である（同(e)）。

　外交使節団の任務は，派遣国から接受国に**信任状**が提出されてから開始される（13条）。それに先立ち，使節団の長については接受国の事前の同意（**アグレマン**）が必要であるため（4条），派遣国は接受国に対してその付与を要請する。その他の職員については派遣国が一方的に任命し接受国に通報する。特権免除は，その後，職員が接受国の領域に入って付与される。なお，外交官が接受国に赴任する場合や本国に帰国する場合に第三国を通過する場合には，査証（ビザ）を与えた当該第三国は必要な免除を付与しなければならない（40条）。

　任務は，派遣国が当該職員の任務の終了を接受国に通告して終了するが，接受国がペルソナ・ノン・グラータを理由に当該職員を外交使節団の構成員と認めることを拒否する通告を行ったときや外交関係が断絶されたときも終了する（43条）。特権免除は，任務終了後，当該職員が接受国領域を去るのに必要な相当期間が経過したときに終了する（39条）。

　外交使節団の特権免除で最も重要なものの一つが，外交使節団の公館

や敷地（使節団の長の公邸を含む）の不可侵（**公館の不可侵**）である。それは絶対的な性格を有し，使節団の長の許可がなければ，火災などの緊急事態でも接受国の当局が立ち入ることはできない（22条1項）。また，接受国には公館の安寧への妨害や威厳の侵害を防止するための措置をとる義務があり（同2項），公館前のデモ等により使節団の職員の出入りが妨害されるなど通常の職務が継続できない場合にはこれを取り締まらなければならない。他方，外交使節団の任務と両立しない方法で建物等を使用してはならず，館内で武器を集積するなどその濫用が明白な場合，接受国は，国際法及び国内法令の尊重義務の違反として措置をとることができる（41条）。外交使節団がその公館に逃げ込んだ者を庇護すること（**外交的庇護**）は，在外公館の目的外使用であり，一般国際法上の権利としては認められていない（もっとも，中南米諸国の間では，それまでの慣行に基づき1954年に条約が締結され，外交的庇護が認められている）。また，公館については課税が免除されている（23条）。

　外交使節団は，いかなる場所でもその文書は不可侵が保障される（24条）ほか，安全上の理由による場合を除き，接受国によりその領域内で自由な移動と旅行の自由を確保される（26条）。また，通信の自由も保障されており，外交伝書使の利用とその不可侵，接受国の同意を得て無線送信機の設置・利用が認められるほか，派遣国が使用した外交封印袋を接受国が開封・留置することは禁止されている（27条）。

（3）外交使節団の構成員等と特権免除

　外交官の身体は不可侵であり，いかなる方法によっても抑留・拘禁されてはならない（29条）。国家によっては外交官に対する暴行・脅迫等について重罰を規定する国内法令を定めて外交官の身体の不可侵を保障する。なお，日本は，法の下の平等に反するという理由から，それまで

定められていたこうした重罰規定を昭和22年の刑法改正で削除した。

　また，外交官は接受国によるその管轄権の行使から免除される。刑事裁判権からの絶対免除だけでなく，個人の不動産，相続及び公務外での商業活動に関する訴訟を例外として，民事・行政裁判権からも免除される（31条）。実際には，例えば交通事故その他の不法行為に基づく損害については接受国の国内法上の賠償責任は免れず，ただ接受国の裁判権の行使とその執行が免除されるにすぎない。さらに，外交官には課税が免除される（34条）ほか，自己の物品への課税や手荷物検査も免除される（36条）。

　外交官以外の外交使節団の職員にも特権免除が認められている。接受国の国民でない場合や接受国に通常居住していない場合，事務・技術職員は外交官とほぼ同様の特権免除を享有するが，民事・行政裁判権は公の任務の範囲外で行った行為については免除されない。役務職員は公の任務での行為については裁判権から免除され，俸給に対する課税が免除される。使節団の職員の個人的使用人にも報酬に対する課税の免除などが認められている（37条2～4項）。接受国の国民の場合には，特権免除が享有できるのは接受国に認められている限度までである（38条）。

（4）領事制度と特権免除

　領事とは，通商・交通・海運などの事項に関する派遣国国民の利益の保護を職務とする派遣国の機関だが，国家を代表する機関ではないため，外交交渉は領事の任務ではない。領事には，本国から派遣される**本務領事**と接受国に居住し領事職務を委託される**名誉領事**とがある。領事制度は，中世後期にヨーロッパ商業都市での慣行として，商人の団体が商業上の紛争処理と商人の利益保護のために仲裁人を選挙し領事裁判を担当したことに端を発する。現地の在留自国民に対して本国法に準拠し

た裁判は**領事裁判**と呼ばれ，接受国の裁判権を制約するものであったことから，ヨーロッパ諸国間では領域主権の確立とともに消滅したが，非ヨーロッパ諸国との関係ではいわゆる不平等条約の内容の一つとして一時期導入されていた。

　領事は，外交使節と異なり，派遣国の代表ではない。したがって，領事に認められる特権免除の範囲は，任務の能率的な遂行を主な目的としているため，外交特権免除よりも狭い。この領事制度や領事特権免除に関する規則は1963年の**ウィーン領事関係条約**で法典化されたが，領事関係の規則は伝統的に通商航海条約や領事条約など二国間条約で発展してきたこともあり，慣習国際法の統一性の程度は外交関係の場合ほどではなく，また関係国に領事関係の二国間条約があれば，それが領事関係条約に優先する（領事関係条約73条）。

　領事関係は派遣国と接受国との間の合意で開設される。外交関係の開設も通常は領事関係の開設を含むが，外交関係を断絶しても領事関係の断絶にはならない（2条）。領事任務は派遣国の委任状付与で開始され，領事機関の長（多くは総領事）には接受国が**認可状**により事前の承認の意思表示を行う（11条・12条）。その際，領事関係でもペルソナ・ノン・グラータ制度が導入されており，接受国はいつでもこれにより領事任務を遂行する者（**領事官**）を拒否することができる（23条）。領事任務は派遣国による接受国への任務終了の通告や接受国による認可状の撤回などで終了する（25条）。

　領事官にはその任務遂行のために派遣国国民と自由に通信・面接することができ，接受国は，派遣国国民が逮捕・拘禁された場合に遅滞なく当該派遣国の領事機関に通報しなければならない（36条）。

　領事特権免除について，領事機関のためだけに使用されている公館は不可侵だが，領事機関の長か派遣国の外交使節団の長の同意があれば接

受国の立入りは可能である。さらに，外交関係での在外公館と異なり，火災などの緊急事態の場合には長の同意があったものとみなされて立ち入ることができる（31条）。また，公館への課税は免除される（32条）。

　本務領事の特権免除には身体の不可侵が含まれるが，外交官の場合よりも制限されている（41条・42条）。接受国の裁判権も，領事任務の遂行に当たっての行為の場合には免除になるが，一部の民事訴訟では免除は認められない（43条）。課税や関税も免除される（49条・50条）。名誉領事の特権免除は本務領事と比べてかなり限定的である（58条～68条）。

3. その他の国家機関の特権免除

（1）国家元首

　国家元首は，国家の対外関係全般にわたってその国を代表する機関で，各国の国内法により決定される。国家を代表する性格から，これまでの国内裁判所の判例を通じて，国家元首は他国における刑事・民事裁判権から免除されてきており，その特権免除の範囲は慣習国際法上広範に認められている。免除には，その地位に基づき在任中の全ての行為について認められる**人的免除**と，職務に関連した行為についてのみ**事項的免除**があるが，国家元首も，その在任中の行為は外国の刑事裁判権から絶対的に免除される人的免除と，退任後は元首としての資格で行った行為についてのみ免除される事項的免除をそれぞれ享有する（1999年ピノチェト事件英国貴族院判決）。

（2）政府の長・外務大臣

　政府の長は，その国の政府を代表し，外交使節や領事と同様に他国において裁判権の免除と身体の不可侵を享有する。

外務大臣は，自国の外交使節や領事を直接指揮し，国家を代表して外国に赴く際には，慣行上，政府の長と同じような待遇を受ける。現職の外務大臣の特権免除は慣習国際法規則が明確ではないものの，職務の遂行が必要であることと国家を代表することから，外交特権免除の類推により，一般的には刑事裁判権からの完全な免除と不可侵権が認められる（2002年逮捕状事件 ICJ 判決）。しかし，その外務大臣の本国が他国の刑事裁判権からの免除を放棄した場合や外務大臣の地位の就任前又は退任後に行った行為について訴追される場合のほか，国際的な刑事裁判所で訴追される場合には，それぞれその国内・国際裁判所の裁判権からの免除は認められない。外務大臣には一定の国際法上の特権免除は認められるが，重大な国際犯罪に問われる行為を行った場合には，そうした特権免除を根拠に責任追及を免れることは困難になっている。

(3) 軍隊・軍艦

　外国領域内に駐留する**軍隊**とその構成員は，その領域国（駐留国）の刑事裁判権からの免除を受ける。公務執行中の軍隊・軍隊構成員の行為については派遣国に裁判権があり，それ以外の事項については駐留国の管轄とされるが，特権・免除の範囲は一般国際法では不明確なので，通常，軍隊派遣国と駐留国の間で協定が締結され，派遣国と駐留国の管轄範囲がそれぞれ定められる。日本には，日米安全保障条約（1960年）に基づき米軍が駐留しており，「公務執行中の作為又は不作為から生じる罪」については，米国が第一次的裁判権を，日本は第二次的裁判権を有するとされる（1960年日米地位協定17条3項）。

　軍艦は，慣習国際法上，外国の領海及び内水内において特権免除を享受する。軍艦が沿岸国の国内法令に違反する行為を行った場合でも，その沿岸国は，違反行為を行った軍艦に対して領海からの退去を強制し得

るだけであり，拿捕を行うことはできない。軍艦の乗組員は，原則として軍艦の旗国の管轄権に服する。軍艦の乗組員は，休暇で上陸中に行った犯罪でも帰艦すれば沿岸国の当局による逮捕を免れるほか，公務で上陸中の場合には沿岸国の刑事裁判権からの免除が認められる。逆に，公務外で上陸した乗組員が上陸中に行った犯罪は沿岸国が刑事裁判権を有し免除は否定される（昭和27年（1952年）神戸英水兵事件大阪高裁判決）。

学習課題

1. 条約への留保には，いかなる意義があるのかを考えてみよう。
2. 外交特権免除と領事特権免除とを比較して，その内容を確認し，違いがあるのであれば，なぜそのような違いが生じるのかを考えてみよう。

参考文献

小川芳彦『条約法の理論』（東信堂，1989年）
坂元茂樹『条約法の理論と実際〔第2版〕』（東信堂，2024年）
横田喜三郎『外交関係の国際法』（有斐閣，1963年）
横田喜三郎『領事関係の国際法』（有斐閣，1974年）

4 | 国際法と国内法

《学習のポイント》 国際法と国内法の関係について，歴史的には一元論と二元論とが理論的に対立してきた。こうした法秩序間の関係のほか，各法秩序において関連する具体的な法規則間の実践的な関係という観点から，国際法秩序における国内法の地位や国内法秩序における国際法の適用状況や序列を概観するとともに，日本の国内裁判所における国際法の適用問題を解説する。
《キーワード》 一元論，二元論，調整理論，一般的受容方式，編入理論，変型方式，国内的効力，直接適用可能性，「間接」適用

1. 国際法と国内法の関係

(1) 国際法と国内法の抵触の意味と抵触関係の様態

　国際法規則の具体的な実施は，通常，各国の国内法秩序において行われる。国際法は，原則として国内法を通じて実施されることから，両者の間にいかなる関係が成立しているかを見ておくことは重要である。そして，国際法と国内法との間の関係については，二つの問題を区別しなければならない。

　その一つは，国際法秩序と国内法秩序という二つの法秩序相互の関係をどのように捉えるべきかという問題である。国際法秩序と国内法秩序がそれぞれ独立して存立しているのか，それとも国際法秩序と国内法秩序のいずれかが自らの存立の妥当性を他方に依拠しているのか，という問題であり，後述のように，国際法が独自の法秩序として自立し得るの

かという，19世紀末から20世紀初頭にかけて学説が直面し抽象的な次元で対立した理論的な課題であった。

　もう一つは，現実の国際社会において国際法規則と国内法規則との間で抵触が実際に生じた場合に，各国がいかにしてその処理を行っているかという問題である。これは，具体的な国際法規則や国内法規則の適用をめぐる各国の国家実行から理解すべき実践的な課題を提示している。

　元来，国際法は国家間関係の規律をその主たる機能としていたため，国内法との抵触問題が生じることはまれであった。しかし，国際法が私人の権利義務を定め，国内法制と関係する事項を適用対象とするように発展するにつれて，同一の主題に関する国際法と国内法の内容につき競合が生じ，いずれが優先して適用されるべきかという問題が生じたのである。

　国際法と国内法との間の抵触には，既存の国内法の内容が国際法に反するという**積極的抵触**の場合と，国際法が国内法の制定など一定の国内法上の措置を求めているのにそうした措置がとられないという**消極的抵触**の場合がある。積極的抵触の例としては，公海上で麻薬取引を行い国内に密輸しようとする船舶とその乗員に対して，国際法上の根拠なく，国内法上の執行措置として停船・臨検・捜索を行うといったことがある。ここでは，国内法上は適法な措置であったり義務とさえなっている場合であっても，国際法上，船舶の旗国に対して有効に対抗できる措置であるかどうかという点で国際紛争が発生し得るような問題が提起されている。また，消極的抵触については，ハイジャック犯に対する国内裁判管轄権の設定を義務づける条約を批准しながら，国内法でそうした裁判権の設定を整備しないというような例が挙げられる。条約内容の実施のために必要な関係国内法令の受け皿を用意しないことは，条約の規定の国内的実施を不可能にして結果的に条約義務違反となるのである。

(2) 国際法秩序と国内法秩序の妥当性の連関

　国際法秩序がどのような基盤の上に存立し，国内法秩序とはどのような関係にあるのかという国際法と国内法の妥当性の連関をめぐる問題は，国際法が独自の法秩序として存立し得るかどうかという問題に関連する。この問題は，今や国際法秩序の存在が広く受け入れられていることもあり，現在では歴史的な意義を持つにすぎないが，19世紀末から20世紀初頭においては極めて先鋭的な学説上の対立を生んだ理論的問題であった。

　この問題は，国際法秩序の妥当性は国内法秩序に依拠するとする**国内法優位一元論**，それとは逆に，国内法秩序の妥当性は国際法秩序に依拠するとする**国際法優位一元論**，そして，国際法秩序と国内法秩序はその妥当性を他方に依拠しているのではなく，互いに独立して存在するとする**二元論**という学説上の対立を生じさせた。

　国内法優位一元論は，19世紀ドイツ国法学に由来する考え方に立脚し，国際法秩序の妥当性を個別国家の意思に基礎づけるものである。条約の締結も国際約束の表明も憲法上の権限に基づくことから，国際法が国内法に従属するとされ，国際法の自律性や法的性質の否定につながった。しかし，慣習国際法の一般的拘束性を説明できず，なによりも一国の国内法の内容が変化すると国際法の内容も変更するという不合理なことが生じてしまう点で，この学説は適当ではない。

　国際法優位一元論は，国際法と国内法が同一の秩序内に存在し相互に浸透しあうことを前提に，国内法は国際法から派生しその委任を受けたものと理解され，両者に抵触が生じた場合には国際法優位により解決すべきと主張する。しかし，国際法違反の国内法を自動的に無効とする国際法制度は存在しないことなど，必ずしも実証的な説明に基づく議論ではないという批判を受けた。

二元論は，国際法と国内法では，その法主体，法源，社会の組織構造，法の執行といった点で全く異なるほか，国際法は国家の共通の意思を根拠として国家間関係を規律するのに対して，国内法は国家の単独の意思を根拠として国家と個人との間や個人相互間の関係を規律対象とすることから妥当根拠と規律対象が異なるため，国際法と国内法は互いに平等・独立・無関係の法秩序であるとする主張である。したがって，二元論によれば，国際法と国内法との間では抵触は起こらず，衝突があってもそれは事実の問題であって，現実の国家実行では事実上の調整が行われるにすぎないということになる。しかし，条約締結の権限や手続の憲法上の規定について国際法上の効果が問題となる場合があるように，実際には国際法と国内法が相互に連関していることを二元論では説明できない理論的難点がある。

　いずれの学説も現実世界からは乖離した理論で極端な考え方に基づいており，現在では，より国家実行に依拠した**調整理論**（又は**等位理論**）という考え方が主流となっている。それによれば，国際法と国内法はそれぞれ最高の法であって法秩序としての抵触はないが，具体的な義務については抵触が起こることから，国内法秩序においては国際法違反の国内法を無効にすることなく，国際法秩序において国家責任を追及することで国際法と国内法の義務の抵触を調整し，各国はそうした調整を行う法的義務を負う（ただし，どのように調整するかは国内法上の実行に従う）とされる。これは確かに国家実行を反映した考え方ではあるが，その実質は二元論であり，しかも調整の具体的なメカニズムは説明されていない。しかし，従来の理論的な論争に実践的な意義はないことを明らかにした点では意義がある。

　なお，現代の国際社会では，法の支配の進展により国際・国内の裁判所や仲裁廷が積極的に活動して互いに判断を援用しあう状況が生まれて

おり（「裁判官対話」とも呼ばれる），国際法と国内法を統合的に把握した「法の調和的発展」の契機となっている。

2. 国際法秩序における国内法の地位

（1）国内法の援用と国際義務

　国家は，自国の国内法を援用することにより国際法上の義務を免れることはできない。このことは，ベルサイユ条約上の義務をドイツは自国国内法令で免れることはできないとした1923年ウィンブルドン号事件常設国際司法裁判所（PCIJ）判決で確認されたほか，ウィーン条約法条約や国家責任条文でも国内法が条約の不履行や国際義務の不遵守を正当化しない旨が明記されている（条約法条約27条，国家責任条文32条）。

　これは，国際法秩序においては，国際法が国内法に優位するためであるが，この場合，国際法に反する国内法が当然に無効となるわけではない。国際法が国内法に優位するというのは，国家は国際義務と両立するように行動することを義務づける趣旨である。したがって，国家の行為が国際義務に反するのであれば，国際法上の国家責任が問われるだけで，その行為の根拠となった国内法が無効となるのではない。

（2）国際裁判における国内法の意義

　国際裁判にとって，国内法は，国内裁判所の判決や国家機関の行政行為と同様，その国家の意思を表す「事実」として捉えられる（1926年ポーランド領上部シレジアにおけるドイツ人利益事件PCIJ本案判決）。したがって，国内法は，国家実行という形で，例えば慣習国際法の形成に関する問題の検討で考慮されることになる。

　また，国際裁判所は，紛争当事国が裁判所による国内法の適用を認め

ている場合などを除けば，国内法を解釈する義務や権限を有さない。ただし，国際法規則を明確にするため必要な場合には国内法を参照することはできる（会社・株主制度を参照した1970年バルセロナ・トラクション事件 ICJ 第二段階判決）。

　国際裁判所には国際法違反を理由として国内法を無効にする権限はない。他方，国際裁判所は，国内法が国際法に違反するかどうかの判断を控えて，他国に対して当該国内法に基づく行為を国家が有効に主張できるかどうかを判断する場合がある。これは，国内法やそれに基づく国家の行為が他国に対して**対抗力**を有するかどうかという問題である。1955年ノッテボーム事件第二段階判決で ICJ は，リヒテンシュタインが国内法に基づきノッテボームに付与した国籍が，同人の生活や経済活動の本拠地であるグアテマラに対して対抗できないとした。すなわち，国際裁判所は，このような場合，国内法が国際法に反するかどうかを判断せず，国内法の国際法上の効果を決定することができるのである。

3. 国内法秩序における国際法の適用

（1）国際法への国内的効力の付与方式

　国際法は国際法秩序において当然効力を有するが，それでは国内法秩序においてはどうであろうか。実は，国際法は原則としてそれ自身で国内法上の効力，すなわち**国内的効力**を有するものではない。また，国際法規範の国内法上の効力を一般的に定めた国際法上の規則も存在しない。各国において国際法規範にいかなる自国の国内法上の効力を与えるかを決定するのは，その国の国内法である。つまり，国際法が国内法によって国内に取り込まれる必要があり，それは国際法にその国の国内法が国内的効力を与えることによって実現するのである。

国際法が国内的効力を与えられる方式には二通りある。その一つは**一般的受容方式**（**編入理論**とも呼ばれる）で，国際法を国内法に一般的に受容してその国内的効力を認めるものである。したがって，国際法が国内的効力を有するために特段の国内措置を必要としない。もっとも，これにより全ての国際法規則が自動的にその国の国内法上適用可能となるわけではなく，後述するように，国際法規則がそのままの形で国内において適用される場合（すなわち，直接適用可能である場合）を除き，国際法規則の実施のための国内法令が制定されてはじめてその国の国内裁判所や行政機関が当該規則を適用できることになることには注意を要する。日本を含め多くの国家はこの方式を採用している。もう一つは**変型方式**と呼ばれるもので，国際法に国内的効力を与えるために，国際法を国内法に変型することを要求する方式である。具体的には，条約ごとの個別の国内法令の制定や包括的な国内法規定によって変型が行われる。いずれの方式を採用するかは各国の国内制度の問題である。

（2）各国における国際法の国内的効力

慣習国際法については，通常，特別の国内的措置を媒介とせずに，一般的に国内的効力が与えられる。英国は18世紀後半以降，判例法理により編入理論の立場を原則として維持してきた。米国も慣習国際法の一般的受容を承認している。そのほかの諸国も，憲法上の明文規定で一般的受容を認める（ドイツ，ギリシャ，ポルトガル，オーストリア，ハンガリー，ロシアなど）か，憲法上の明文規定がなくても，憲法慣行上一般的受容を認める（フランス，イタリア，チェコ，ポーランドなど）かの違いはあるが，いずれも一般的受容方式を採用している。

他方，条約については，英国及び旧英国植民地から独立した諸国の多くが変型方式を採用しているのに対して，その他の諸国は一般的受容方

式を採用している。英国の場合，議会主権の立場から，国民の権利義務に関係する条約，財政支出を要する条約，コモン・ローの変更をもたらす条約に国内的効力を与えるには，それぞれに議会制定法が必要とされている。実際の方法としては，条約本文を附則として，附則に掲げる条文に国内法としての効力を持たせる旨の規定を含む議会制定法が作成される（1998年人権法など）。一般的受容方式を採用する諸国の場合は，条約を批准し公布することで自動的に当該条約が国内的効力を獲得する国（米国など）や，議会による条約締結の承認を法律形式（条約締結授権法）で受容が行われる国（ドイツ，ギリシャなど）がある（なお，ドイツの条約締結授権法による受容については，かつて変型方式で説明されることもあったが，現在では同法が国内法秩序における条約の実施を命じるにとどまるものと解されている）。

（3）各国における国際法の国内的序列

　国際法が国内的効力を有し国内法秩序に位置づけられた場合，他の国内法規範とどのような関係に置かれるかについても，各国の国内制度，具体的には憲法体制によって決定される。

　慣習国際法の国内法上の位置づけにつき，英国では制定法が優位とされ，慣習国際法は制定法に反しない限り国内で適用されるとされている。米国は連邦制を採用することから，連邦法や州法との関係が問題となる。米国連邦憲法には慣習国際法に関する明文規定はないが，連邦憲法が慣習国際法に優位し，慣習国際法は州法に優位するということは異論がない。問題は慣習国際法と連邦法との関係で，法律優位説，慣習国際法優位説，両者は等位とする等位説が対立している。その他の諸国も，慣習国際法優位（ドイツ，イタリア，ギリシャなど），国内法優位（ベルギー，オランダ，フランスなど），等位（オーストリア，韓国，フ

ィリピンなど）に分かれている。

　条約については，法律との関係では，条約が法律に優位する国（フランス，ギリシャ，スペイン，イタリア，ルーマニアなど）と等位とする国（米国，ドイツなど）がある。他方，憲法との関係では憲法が優位する国がほとんどである。これは，条約締結は憲法改正よりも簡易な手続で行われるのに，その条約により憲法が実質的に修正されるのは国民主権に反するということがある。他方，憲法と同等か条約が優位する国はオーストリア，オランダ，ベルギーなどに限られるが，ルーマニアのようにヨーロッパ人権条約という特定の条約のみ優位するとする国もある。

　なお，国際法と国内法が等位である場合には，後法が前法を破り，時間的に後の法が適用されることになる。

（４）条約の直接適用可能性

　国内法秩序において，国際法，特に条約が適用される際に，直接適用可能性（国内適用可能性とほぼ同義）や自動執行（self-executing）かどうかが問題とされる。というのも，上で述べた通り，各国の国内制度により国際法規則には国内的効力が与えられるが，当該国際法規則がその国内においてさらなる立法措置なしに直接適用できるかどうかは別問題だからである。その意味で，国際法の国内的効力と国際法の直接適用可能性は区別されなければならない。したがって，国際法規則が国内的効力を有することは，その国際法規則が国内において直接適用される前提条件にはなるが，国内的効力を有する国際法規則が全て直接適用可能なわけではないのである。

　国際法規則が国内において直接適用可能である場合，私人はその国の国家機関や他の私人との間の関係を当該国際法規則が直接規律すること

を主張して，この規則を国内裁判所や行政機関の前で援用することができる。また，国内裁判所もその国際法規則を直接適用して裁判を行うことができるし，行政機関もこの国際法規則を行政行為の根拠とすることが可能である。なお，特に条約の直接適用可能性の場合は，条文ごとに直接適用可能かどうかが問われる。

条約が国内において直接適用可能性を有するには，問題となる条約規定を国内で適用可能とする旨の起草当時の諸国の意思という主観的基準と，その条約規定の内容がそれを実施するためのさらなる国内法規則を必要としないほどに明確であるという客観的基準の双方を満たす必要がある。

4. 日本の国内裁判所における国際法の適用

（1）国際法の国内的効力と国内的序列

日本国憲法98条2項は，「日本国が締結した条約及び確立された国際法規は，これを誠実に遵守することを必要とする。」と定め，条約については，行政機関のみで締結できる行政取極を含め，この規定により国内的効力を有する。慣習国際法についても，「確立された国際法規」が慣習国際法を表すものとして，条約と同様，この規定による国内的効力を有すると考えられる。すなわち，日本の国内法秩序において国際法は，変型方式として特別な立法措置をとるのではなく，一般的受容方式として当然に全て国内法としての効力を有するのである。

日本の国内法秩序における国際法の地位，すなわち，国内的序列はどうであろうか。日本国憲法には，国際法の国内的序列に関する明文の規定は存在しない。しかし，法律との関係では，条約に反する法律の適用を排除した国内判例がある（日韓漁業協定（1965年）が領海法に優位す

るとした平成9年（1997年）韓国漁船拿捕事件松江地裁浜田支部判決。もっとも，控訴審では同協定は適用されないため法律との抵触という事態は生じないなどとして破棄差戻しとなった）。慣習国際法についても，昭和44年（1969年）尹秀吉事件東京地裁判決では政治犯不引渡義務が慣習国際法であり，外国人登録令に基づく行政処分がこの慣習国際法に反するとして，法律に対する慣習国際法の優位を示した判例がある（しかし，上級審では政治犯不引渡義務が慣習国際法ではないことを理由に本件地裁判決を覆した）。

　問題は憲法との関係である。特に憲法と条約の関係については，日本国憲法制定後しばらくの間，憲法優位説と条約優位説との間で激しい対立が続いた。前者の主張は，憲法改正は厳格な手続なのに，より簡易な手続で締結される条約が優位して憲法を実質的に修正するような事態は憲法の基調とする国民主権に反するという理由による。これに対して，後者は，適法に締結された条約により憲法がその限度で修正されても，それは条約を誠実に遵守する義務を規定した憲法自身が予定していたということを根拠に主張されたほか，憲法において国際協調主義を重視する立場からも主張された。日本の最高裁は，昭和34年（1959年）砂川事件大法廷判決において，日米安全保障条約と同条約に基づく行政協定に伴う刑事特別法の関係を扱い，憲法と条約の関係については明言しなかったものの，条約に対する裁判所の違憲審査権を認める論理構成をとっていることから，憲法が条約に対して優位する効力を認めていると考えられている。

（2）条約の直接適用と「間接」適用

　日本が当事国となった条約は，憲法により国内的効力を有するが，それが日本の国内法秩序において直接適用可能性（日本の裁判所は同じ意

味で「自動執行的」「自力執行的」という用語を用いることが多い）を自動的に有するとは限らない。直接適用可能な条約や直接適用可能な規定であれば，私人はその規定を根拠に行政機関や裁判所で自己の権利を主張することができるが，条約が直接適用可能ではない場合には，国内で実施するための国内法の制定や既存の国内法の改正が別途必要であり，その国内法に基づき自己の権利を主張しなければならない。1985年に日本が女子差別撤廃条約を批准する際に，男女雇用機会均等法を制定したり，父系優先血統主義であった国籍法の規定を男女両系血統主義に改正したのは，条約実施のための国内法の制定・改正の例である。

　日本の国内裁判所が条約の直接適用可能性についてこれを否定する判断を下した判例としては，関税及び貿易に関する一般協定（GATT）の紛争解決手続の存在と性格に着目して，GATTの自動執行性，すなわち直接適用可能性を否定した例（昭和59年（1984年）西陣ネクタイ事件京都地裁判決）や，世界貿易機関（WTO）協定については，WTO農業協定の国内的効力と直接適用可能性を明確に区別したうえで，WTO協定の内容において認められる規律の柔軟性などからWTO農業協定の直接適用可能性を否定した例が存在する（平成25年（2013年）豚肉差額関税事件東京高裁判決）。

　個人の権利救済との関連で最も関係する人権条約について，日本の裁判所は，自由権規約を自動執行，すなわち直接適用可能であると性格づける傾向にあるのに対し（平成5年（1993年）通訳料事件東京高裁判決，平成6年（1994年）指紋押捺拒否事件大阪高裁判決，平成9年（1997年）受刑者接見妨害国家賠償請求事件高松高裁判決），社会権規約については直接適用可能性を否定している（昭和59年（1984年）塩見事件大阪高裁判決）。

　また，条約が直接適用可能性を有するかどうかについては，条約当事

国がその条約の規定を国内において直接適用することを意図していたこと（主観的要件）と，国内法と同様の明確さがあること（客観的要件）が満たされる必要を示した判断がある（平成10年（1998年）ハーグ陸戦条約３条事件東京地裁判決。なお，慣習国際法についても同様に主観的要件と客観的要件が求められている。平成５年（1993年）シベリア抑留訴訟事件東京高裁判決）。

　こうした要件は条約の直接適用可能性を認める敷居を高めることになり，条約の直接適用と判断される判例は少ない結果となっているが，他方で，日本の国内裁判所は条約のいわゆる**「間接」適用**を行ってきた。この「間接」適用は，必ずしも条約を「適用」することを意味するのではない。主に私人間関係に適用される私法の関連規定を解釈するに際して，国際法をその解釈基準として参照し，国内法を国際法に適合するように解釈することであって（私人間関係に適用される私法の関連規定の解釈にあたり自由権規約と人種差別撤廃条約が基準の一つとなるとした平成14年（2002年）小樽公衆浴場事件札幌地裁判決，民法709条の解釈に際して人種差別撤廃条約の関連条項を参照した平成26年（2014年）京都ヘイトスピーチ事件大阪高裁判決など），むしろ，国際法適合解釈と呼ぶ方が適切である。

　こうした「間接」適用は，条約の直接適用可能性のために要求される高い敷居を回避しつつ，私人間関係に条約の影響力を事実上高める効果を有する。その意味で，「間接」適用，すなわち，国際法適合解釈は，実際には国際法の基準を国内法秩序に導入する作用を果たしているのである。

学習課題

1. 主要先進国は，どのように国際法に国内的効力を与えてこれを国内法秩序に受容しているだろうか。また，中南米諸国やアジア・アフリカ諸国はどうであろうか。可能な限り調べてみよう。
2. 日本の国内裁判所において，条約の直接適用を認めるよりも，「間接」適用が行われる傾向があるのはなぜかを考えてみよう。

参考文献

岩沢雄司『条約の国内適用可能性』（有斐閣，1985年）
齋藤正彰『国法体系における憲法と条約』（信山社，2002年）
高野雄一『憲法と条約』（有斐閣，1960年）
松田浩道『国際法と憲法秩序』（東京大学出版会，2020年）
山田哲史『グローバル化と憲法』（弘文堂，2017年）

5 | 国際法における行為主体

《学習のポイント》 この章では，国際法主体の意味を確認したうえで，国家の成立の条件とは何か，新国家が他国により承認されることの意味とは何かについて解説する。さらに国際組織などの非国家的実体が国際社会で果たす一定の役割の範囲で国際法主体とみなされるようになっている事実とその意義についても説明する。

《キーワード》 国家の成立要件，国家承認，国家承継，政府承認，政府承継，非国家的実体

1. 国際法と国際法主体

（1）国際法における法主体性

　国際法は様々な対象の規律を目的として法関係を設定する規範である。したがって，そうした法関係に参加する法主体を特定する必要がある。国際法上の権利義務を有する資格のある実体，すなわち国際法上の権利能力を有する実体が**国際法主体**であり，国際法人格を付与されることになる。

　こうした実体のうち，主権国家は近代ヨーロッパにおいて成立し，当初は君主と国家が同一視される家産国家観が支配的で，そこでは国家の財産（領域内の住民を含む）は君主の財産であり，君主個人の間の合意が国家間の合意とされていた。その後，君主とは区別される抽象的な人格として国家を捉える考え方が強くなり，18世紀後半から19世紀にはヨ

ーロッパ社会での主権国家概念が定着し，近代国家間の法として国際法が理解されるようになった。現代の国際社会では，ヨーロッパという枠組みを超えて，グローバルな社会のメンバーとして主権国家が国際法上の国家とみなされている。

　このような歴史的経緯から，主権国家のみが長い間国際法上の権利義務を享有する主体であり，**一義的・原初的国際法主体**と考えられてきた。これに対して，国家以外の非国家的実体である国際組織，個人，人民，企業，非政府組織（NGO）などは**二義的・派生的国際法主体**とみなされている。非国家的実体は，主権国家の意思により国際法上の法律能力や権利義務が付与され，その範囲内でのみ国際法主体性を享有するとされているためである。国際司法裁判所（ICJ）も，非国家的実体が国際法主体となり得ることを認める一方，国際法主体としての性質や権利は国家とは同一ではないとしている（1949年国連損害賠償事件勧告的意見）。

（2）グローバル社会における行為主体の役割

　しかし，現代の国際社会での様々な国際法の規律分野において，国家だけでなく，非国家的実体とその活動が多様になると，国家間関係を中心とした見方への修正が必要となる。国際法の規律対象領域は，国家間関係を超えて非国家的実体を含む関係にまで及ぶとともに，国際法は，国益や諸国間の共通利益だけでなく，諸国の利益とは別に認識される国際社会の一般利益も実現するために作用することになる。

　国際法が上記のような様々な価値を実現する過程として機能することになると，そうした価値が国際法の具体的規則にどのように反映されるのか，そしてその具体的規則がどのように実施されるのかということを動態的に把握する必要が出てくる。それは，法的安定性を求める国際法

関係の当事者である国際法主体として国家や非国家的実体を見るよりも，価値を反映する国際法の実現過程に関与する行為主体として見ることをより重視する姿勢につながる。グローバルな社会における国際法は，そこでのニーズに対応する価値を実現する過程として動態的に把握されなければならない。このため，一方で国際法関係での国際法主体としての実体と，他方で国際法実現過程への関与者としての実体をともに考慮する必要が生まれているのである。

2. 国家の成立と消滅

　国家が成立するための要件については，米州諸国の16か国が締約国である，1933年国の権利・義務に関する条約（モンテビデオ条約）1条が定めるように，**明確な領域**，**永久的住民**，**政府**，そして**他国と関係を取り結ぶ能力**が求められている。すなわち，国家の成立には領域と住民への実効的支配とともに対外的な独立性も必要とされるのだが，現代においては実効性だけでなく，国家は国際法上適法な形で成立すべきであるという見方も登場しており，ここではいわゆる「正統性」という要件も求められることになる。

　国家の成立形式としては，分裂，合併・結合，分離独立といった実行が見られるが，一定の規則が国際法にあるわけではない。ただ，現代において出現する新国家は，すでに存在する国家からの分離独立による場合がほとんどである。20世紀後半からアジア・アフリカにおけるヨーロッパ諸国の旧植民地が次々に独立を果たしてきたが，そこでは人民の自決権の実現の結果として既存の国家から分離して独立した。したがって，こうした分離独立の場合には，自決の原則に合致した国家の成立，すなわち「正統性」を備えた国家の成立が求められているともいえる。

なお，新国家の成立に際して一方的な独立宣言が行われることも多いが，これを禁止する国際法規則は存在しない（2010年コソボ独立宣言事件 ICJ 勧告的意見）。

国家は，いったん成立すれば，その後，政府による実効的支配が領域全土に及ばなくなった場合でも国家として存続する場合もあるが（例えばソマリア），様々な理由で消滅することもある。戦争が違法とはされていなかった時代には，敗戦国が戦勝国にその全領域を併合されることで消滅することもあり，現代においては，複数の新国家に分裂したり（ユーゴスラビアやチェコスロバキア），複数の国家が合併する（南北イエメン）場合に国家は消滅する。国家が消滅すると，消滅した国家が有していた国際法上の権利義務などの承継の問題が生じる。

3. 国家承認と国家承継

(1) 国家承認

国家が新たに成立すると，他の諸国がその新国家に対して国際法主体性を認める一方的な行為を行う。これを**国家承認**という。歴史的にはヨーロッパ外に成立した「新国家」の国家性について欧米諸国が判定し，この新国家がヨーロッパの国際社会に加入することができるかどうかを認める制度であった。現在の国家承認制度は，新国家の地位を確認することであり，実際には新国家との外交関係の設定が主たる目的となる。しかし，新国家の成立を客観的に判断する国際的な機関が国際社会にはないことから，承認するか否かは依然として現代においても国家の裁量的判断に委ねられている部分が大きい（例えば日本は，国連加盟国である北朝鮮（朝鮮民主主義人民共和国）を国家承認していない）。

国家承認の方式には，書簡や祝電などで直接表明する**明示的承認**と，

外交使節の派遣・接受，重要な二国間条約の締結などで間接的に国家承認を行ったことを表明する**黙示的承認**があるほか，事態の推移によって取り消し得る暫定的な**事実上の（*de facto*）承認**と，法的に取り消すことのできない**法律上の（*de jure*）承認**がある。

　国家承認の法的性格については，国家承認により新国家に国家としての国際法人格が与えられて国際法上の地位が創設されるとする**創設的効果説**と，新国家は国家の成立要件を客観的に満たすことで国際法人格を有し，国家承認は新国家の国際法上の地位を確認するものに過ぎないとする**宣言的効果説**が対立してきた。現在は，国家の成立要件を満たせば国際法上の国家は成立し（**事実主義**），既存国家はこれを確認するだけという宣言的効果説に基づく実行が主流であり，国家承認の意義は承認された国家が国際法上の国家であることの証拠となるというものである。

　このように考えれば，国家承認の要件は国家の成立要件と同じである。ただ，分離独立の場合には自決の原則に合致しなければならないというように，「正統性」要件が付け加わることもあり，その場合には「正統性」を欠くものとして国家承認を控える不承認義務が生じるかが問題となる。承認行為には既存国家の裁量の範囲が大きいが，国連安保理の決定のように義務づけられるのであれば，**集団的不承認義務**が生じると考えられる（南ローデシア白人政権の独立宣言，南ア連邦のトランスカイ独立計画，トルコの占領による北キプロス共和国の成立に対する各集団的不承認義務）。なお，武力行使禁止原則に違反する形で国家が成立しても，強行規範違反の行為としてその法的帰結を承認すべきではない。国家承認の要件を満たさない段階での承認行為は，そのように「承認」された国家が位置する領域国への内政干渉を構成し，**尚早の承認**という国際違法行為となる。

また，既存国家には国家の成立要件を満たした新国家に対して国家承認を行う義務はないことから，こうした未承認国との法関係が問題となる。事実主義に従えば，未承認国も国際法上の地位を有することから一般国際法上の権利義務を有するものとなるためである。未承認国が参加している国際組織や多数国間条約に入っても，それ自体は国家承認を行うことにはならない。なお，未承認国とともに多数国間条約に参加した場合の法関係が問題となった事案として，日本ではベルヌ条約事件がある。最高裁は，平成23年（2011年）の判決において，国家には，未承認国との間では，普遍的価値を有する一般国際法上の義務を条約上の義務として負う場合を除き，権利義務関係に入らない裁量があるとした。

（2）国家承継

　ソ連の解体やユーゴスラビアからの六つの共和国の分離独立といったように国家が消滅したり支配領域が変更したりすると，もともとの国（先行国）が保有していた条約上の権利義務・財産・公文書・債務などが他国（承継国）にどのように引き継がれるかという**国家承継**の問題が生じる。この問題については，これまで条約に関する国家承継条約（1978年）と国家財産等に関する国家承継条約（1983年）という二つの条約が採択されているが，前者の条約は効力が発生しているものの当事国数は少なく，後者は未発効であり，いずれもその内容の一部が慣習国際法規則になっているにすぎず，実際には関係国の間の承継協定などで個別的に問題が処理されている。

　条約の承継については，全て承継国が承継するという**包括的承継説**と，条約関係は白紙に戻され，承継するかどうかは承継国の意思によるとする**クリーン・スレート原則**とが対立していたが，条約に関する国家承継条約は，前者を基本として先行国が締結した条約は承継国の条約と

なり，条約の適用範囲は国境とともに変動することとする一方，新独立国の場合には後者が適用されることとした。

国家財産等に関する国家承継条約によると，国家財産については，先行国と承継国の間の合意がなければ，主としてそれが所在する領域国に，公文書はそれが関連する領域国にそれぞれ移転する。債務については衡平な割合で承継国に移転されるが，新独立国の場合には，自国領域に関連するものを除き，債務は承継されないとされている。

4．政府承認と政府承継

（1）政府承認

政府は国家の成立に必要な機関であり，国家領域を実効的に統治する。この政府が，革命やクーデタなどでその国の憲法に反する形で新政府に交替した場合，他国がこの新政府を承認することを**政府承認**という。政府が交替しても国家は変更しないため（「**国家同一性の原則**」），国家承認の問題は生じない。また，憲法に従って政府が交替した場合は政府承認の問題は生じない。

新政府の成立は国家領域のほぼ全域を実効的に支配することで客観的に決定され，これに対する政府承認は，通常，**法律上の承認**であるが，その実効性が疑わしければ，後に撤回可能な**事実上の承認**という形式が選択されることもある。また，承認方式も，**明示的承認**より，外交関係の継続として行われる**黙示的承認**が一般的である。

このように政府承認の要件としては実効的支配という**事実主義**が採用されるが，政府の革命的な変更を認めない**正統主義**の立場もある。現代でも軍事クーデタによる政府の交替が民主主義に反するとして国連や地域的機関が不承認を求める事例も見られる（1994年のハイチや1997年の

シエラレオネ）。

　政府承認は，実効的支配の認定のほか，人権の保護などを正統主義の条件として，承認国側の政策的裁量で行われることが多いため，政治的な性格を帯びやすい。しかも一国内の内戦のような場合に，中央政府と反徒側のいずれに支持を与えるかによって，いずれの側に対していつ政府承認を行うかという問題も出てくる。また，政府承認が被承認政府の政策を承認するものと誤解を招くことも生じ得る（英国によるカンボジア・ポルポト政権への政府承認の例）。このため，ベルギーやフランス，さらには英国や米国など，政府承認を取りやめた国家も出てきている。ただし，国連が加盟国の中央政府に対して国連憲章7章に基づき強制措置を発動する場合に，政府承認を不要とした国家も実質的に反政府勢力を正統政府として承認することもあり得る（リビア・カダフィ政権の反政府勢力であるリビア国民暫定評議会を「正当な統治当局」とした米国の対応）。

（2）政府承継

　一国内での政府の交替によって，政府承認のほか，旧政府の権利義務が新政府に承継されるという**政府承継**の問題も生じる。政府が完全に交替すれば新政府が旧政府の条約上の権利義務，対外資産や対外債務を引き継ぐことになる（**完全政府承継**）。他方，中華人民共和国政府と中華民国政府（台湾）のように，旧政府が依然として国家領域の一部を実効的に支配して政府の交替が完全には行われない場合には，新政府が支配する領域の財産だけが新政府に承継される（**不完全政府承継**）。第三国に所在する財産については，大使館などの在外公館のように国家を代表して旧政府が取得・支配していた国有財産のみ，当該第三国が旧政府から新政府に政府承認を切り替えた時点で新政府に承継される（昭和57年

（1982年）光華寮事件大阪高裁判決）。

5. 非国家的実体

（1） 国際組織

　国際組織は，通常，複数の主権国家により，条約に基づく特定の共通目的の実現のために設立される。国家間の恒常的な国際協力が緊密となってきた19世紀半ば以降に国際河川委員会や国際行政連合などが登場し，現在の国際組織の形成に大きな影響を与えた。その後も国際連盟や国際労働機関の活躍，第二次世界大戦後の国際連合の発足と専門機関を含む国連関係機関の設立が続き，地域的機関の活動も含め，国際組織が多様化し自律性が促されることとなった。

　国際組織は，その加盟国とは区別される独自の意思を持ち，国際法主体性を有する。しかし，それは国家と同じ国際法上の能力を有するということではない。国家は国家であるがゆえに国際法主体性を有し，国際法による制限を受けない限り，いかなる国際法上の能力も有するのに対して，国際組織は国家によりその設立文書を通じて付与された能力のみを持ち，またその能力の範囲でしか国際法主体性を有しないからである。このため，国際組織であれば当然に国際法人格を持つということにはならず，国際組織の法人格は設立文書により付与されると考えるべきである。ただし，国際組織はその任務の遂行に必要であれば，設立文書に明示には定められていない能力を有し得るとされており（1949年国連損害賠償事件ICJ勧告的意見），このいわゆる**黙示的権能理論**によれば，実際には両者の考えにはそれほど違いがあるわけではない。

　国際組織に付与される具体的な能力はその国際組織の任務によるが，国際社会で国際組織が活動するために不可欠な能力として，他の国際法

主体と条約を結ぶ条約締結能力があるほか、国際組織の能力を機能させるために必要な特権免除が国際組織とその職員に付与される。さらに、国際組織が被害を受けた場合には、その加害者たる他の国際法主体の責任を問うための国際請求を提起する能力が認められる一方、その裏面として国際組織が国際違法行為を行った場合には、国際責任が追及されることになる。

（2）個人

国境を越える**個人**の活動が頻繁になるにつれ、他国での自国民の権利保護が国家の関心対象となった（詳しくは第9章参照）。このため、通商条約や平和条約などで相手国への入国の権利や居住の権利を個人に認める国家間の合意が定められてきたが、それはあくまで関係国間の友好関係の増進のためであり、個人の権利保護は二義的な目的にとどまった。

このように、国家は個人の国際法上の権利義務を条約により付与してきた。通商条約などで身体や財産に係る個人の権利義務が定められる場合、そうした権利義務の付与とその内容は条約当事国の意思によって決定されるのであり、人間に固有の尊厳に由来する人権と異なり、条約当事国によりその内容を修正したり喪失させたりすることも可能なのである。ただし、そうした権利義務を有する場合には常に個人にも国際法主体性が認められるかどうかについては、後述のように争いがある。

第二次世界大戦後になると、人権の国際的保障のために数多くの人権条約が締結されるとともに、条約当事国に人権保護義務が課されるようになった。こうした条約では、個人にとっては、人権裁判所への出訴権や、人権委員会への個人通報の権利を定める手続が認められている場合がほとんどである（詳しくは第10章参照）。また、経済の分野において

も，例えば投資協定や経済連携協定では，投資紛争解決国際センター（ICSID）の利用を含め，投資家が投資受入国を訴える投資協定仲裁の制度が整備されてきた（詳しくは第11章参照）。

　他方，戦争犯罪のように，国際法が個人の犯罪の構成要件や犯罪行為者の訴追などを直接規定する状況も生じてきた（詳しくは第９章参照）。ここでの個人は，国際犯罪の実行者として刑事責任を追及される受動的な国際法主体として現れることになる。

　個人の国際法主体性の問題については，第一次世界大戦後に中米司法裁判所や混合仲裁裁判所など個人に出訴権を認める国際裁判所が設置されたことから論争が起きた。個人に国際法主体性を認める基準としては，国際法上で個人の権利義務が規定されていることで十分か（**実体法基準説**），国際裁判所への出訴権など国際的な手続で個人が自らの権利義務を実現できる手続の存在を必要とするか（**国際的手続法基準説**），手続は必要だが国際手続のほか国内裁判所のような国内手続でも個人が国際法上の自らの権利義務を実現できればよいとするか（**一般的手続法基準説**）という説が現在に至るまで対立している。なお，日本の国内判例では国際的手続法基準説に依拠した判断が下されている（昭和38年（1963年）広島・長崎原爆投下事件東京地裁判決）。

　しかし，ウィーン領事関係条約36条１項(b)が，逮捕された派遣国国民の領事機関との通信の権利を規定していることが認められたことからもわかるように（2001年ラグラン事件ICJ判決），国際法の実体的規定や手続的規定がどのような個人の権利義務を定めているかということを具体的に特定したうえで，その結果として国際法主体性が認められるかどうかを判断すべきであり，抽象的に個人が国際法主体性を有するかどうかを議論することは生産的なものということはできない。

(3) 人民

　人民（peoples）は国際法上独立した権利主体の地位を有する。もともとは国家による統治の対象であったが，第二次世界大戦後に自決の原則を掲げて主権国家の独立を目指した民族解放団体は，独立達成までの過渡的な期間のみ国際法主体性を獲得して，**自決権**の行使や条約法，武力紛争法の関連規則の遵守など一定の国際法上の権利義務を享有した。
　これに対して人民は，外国の占領や人種差別的政策の下での支配を含む植民地的支配からの政治的独立後も権利主張を行う地位を有する。こうした独立国の人民を含む全ての人民が国際法主体性を有するのは，それが享有する自決権が普遍的な権利へと展開したためである。
　第二次世界大戦までは人民や民族は自らの運命を自らの意思で決定すべきという政治的理念であった自決の原則は，第二次世界大戦後は国連総会決議（1960年植民地独立付与宣言，1970年友好関係原則宣言）や国際人権規約共通1条への導入を通じて国際法上の原則となり，ICJ の判例でも人民の権利としての自決の原則の存在が確認された（1971年ナミビア事件及び1975年西サハラ事件の両勧告的意見）。その内容は，当初は，植民地や従属地域において抑圧されている人民が主権国家として従属状態から脱する権利であった。また，この人民の自決権は，国際社会全体に対して主張できるという意味で対世的性格を有し，現代国際法の本質的な原則の一つとされたのである（1995年東ティモール事件 ICJ 判決）。
　しかし，この自決権の行使主体は従属地域の人民に限定されず，その適用も植民地的状況に限定されないことが各種文書で確認され（1975年欧州安全保障協力会議（CSCE）ヘルシンキ最終議定書，自由権規約委員会一般的意見12），実際にもドイツ統一（1990年）やユーゴスラビア連邦解体（1991〜1992年）という実行となって現れた。したがって，今

日の自決権は，植民地的支配下にある従属人民が主権国家として政治的独立を達成する権利（**外的自決**）と，主権国家内部の人民がその国内体制において政治的・経済的・社会的・文化的発展を追求する権利（**内的自決**）とによって構成される。そして，自決権は，通常は内的自決により実現されるが，植民地的支配など内的自決が行使できない極端な状況において外的自決が行使されるとされ（1998年ケベック分離事件カナダ連邦最高裁意見），外的自決の行使は，既存国家からの分離独立と新国家の成立につながることになる（「**救済的分離**」）。こうした内的自決と外的自決を含む自決権の享有主体として，人民は国際法主体性を有することになるのである。

（4）その他の主体

国際組織，個人及び人民のほかにも重要な非国家的実体は存在する。

その一つは**企業**である。現代において企業の中には国家に匹敵する，あるいはそれを凌駕する経済力を有するものも現れており，その活動は国際社会に大きな影響を及ぼしている。多国籍企業などによる政府高官への賄賂供与を通じた便益の調達を規制するために，経済協力開発機構（OECD）では1997年国際商取引外国公務員贈賄防止条約や2000年多国籍企業行動指針のような文書が採択され，国連でも2003年国連腐敗防止条約が採択された。ここでは，企業自体は規制を受ける受動的な地位にとどまっている。

他方，近年では人権侵害や環境破壊への批判に企業自らが対応する活動も見られる。海洋油濁汚染に関して海洋環境保護のため経済活動の自己規制を行う合意を企業間で結ぶとともに，その後の国家間合意成立の呼び水となった1969年油濁責任輸送船主間自主協定がその嚆矢であった。さらに，「ビジネスと人権」分野などに見られるように，企業自ら

規範形成に参加する場合もあり，企業の社会的責任を実現する2000年国連グローバル・コンパクトや2011年に国連人権理事会が採択したビジネスと人権に関する指導原則がその例として挙げられる。

　もう一つの注目される非国家的実体は**非政府組織（NGO）**である。政府代表で構成されていないという以外に定義は存在せず，その規模や活動内容もまちまちである。また，国家間合意で形成された組織ではないこともあって，国家も国際法主体性を認めることに消極的であるが，特定のNGOに国際組織や国際会議における会合への参加資格や提案資格などを認める場合もある。

　NGOは，新たな国際法規則の形成に向けて国家を動かすために，国内政治過程に間接的に関与したり，対人地雷禁止条約や国際刑事裁判所規程の採択のように，国際社会でも国家の活動規制の必要性を意識させることで条約の作成や締結につなげる活動も行う。さらに，国際法規則の履行確保のために，各国の条約遵守状況についてその条約の監視機関に情報提供をしたり，条約上の権利として履行監視機能を付与されたりする状況も存在する。

　NGOの国際法主体性は一般に否定されているものの，国際法実現過程への関与者として国際法の形成と履行確保に寄与するその活動内容は，関係国の国益を離れて国際社会の一般利益の増進に役立つものであり，主権国家中心の考え方に対する修正を促している。しかし，その影響力の増大とともに，独善的な価値観に基づく過激な活動が一方的に行われることもあり，そうした活動が一定の行為規範に反した場合に国際的な責任を問う手段が国際社会に欠如しているという問題もある。NGOの国際公共的な性格を重視する観点からも，活動の透明性やNGO自身のアカウンタビリティー（説明責任）を制度的に確保することが国際社会の課題となっている。

学習課題

1. 一義的・原初的国際法主体と二義的・派生的国際法主体との相違点はどこにあるか。
2. 日本は他国の政府に対する承認について，これまでどのような実行を行ってきたか調べてみよう。

参考文献

安藤仁介『実証の国際法学』（信山社，2018年）
王志安『国際法における承認』（東信堂，1999年）
国際法事例研究会『国家承認』（日本国際問題研究所，1983年）
国際法事例研究会『国交再開・政府承認』（慶應通信，1988年）
芹田健太郎『普遍的国際社会の成立と国際法』（有斐閣、1996年）
多喜寛『国家（政府）承認と国際法』（中央大学出版部，2014年）
廣瀬陽子『未承認国家と覇権なき世界』（NHK出版，2014年）
森川俊孝「国家の継続性と国家承継」『横浜国際経済法学』4巻2号（1996年）

6 | 国家管轄権と国家免除

《学習のポイント》 主権国家が有する国際法上の基本的権利義務を確認した後，人，事物及び事実などに対して国家が行使する権限とその作用の観点から国家管轄権を説明し，属地主義とその例外となる属人主義などの国家管轄権の設定基準を整理する。さらに，国家が他国の国家管轄権から免除される場合を扱い，特に国内裁判所からの外国国家の裁判権免除について解説する。
《キーワード》 主権，国家平等，不干渉義務，国家管轄権，属地主義，属人主義，国家免除

1. 国家の基本的権利義務

(1) 主権

　国家が他の国際法主体と異なる特徴の一つは主権を有しているということである。**主権**は，国内での絶対的な権力としての**対内主権**と他の国家との関係での自由・独立を意味する**対外主権**で構成される。こうした意味での主権を有する国家としての主権概念は，国際法理論では18世紀末から19世紀にかけて確立したとされる。

　対内主権での絶対性を対外主権にも投影させて，国家はいかなるものにも従属しないという絶対的主権も主張されたが，それは国際法の規律さえも否定することを意味する。少なくとも，主権と国際法との間の緊張を増大させる思考方式であった。ところが，国家が自らの主権の絶対

性を主張しあうことになると，これを規律する規範がなければ国家間関係は正常に機能しない。ここに国際法の存在理由があり，国家主権の存在を認めつつ，国際法が国家間関係に妥当する現実的な要請がある。

国際法の基本原則の多くは，この国家主権にかかわる内容を表している。例えば，そうした原則には，国際法による制約を条件に主権国家が自らの行動一般を決定できる国家自由が含まれるほか，国家平等，不干渉原則などが認められることになる。

（２）国家平等

国家平等とは，主権国家間での平等な取扱いを内容とするもので，国家は自らを平等に取り扱われる権利を有し，他の国家を平等に取り扱う義務を負う。主権国家が相互に平等であることは，主権平等原則とも呼ばれる国際法の基本原則である（国連憲章２条１項及び友好関係原則宣言第１原則第６参照）。人口や国土の面積，軍事力や経済力などの違いにかかわらず，国際法上の国家であれば全て平等とされるのである。

ただし，平等をどのように考えるのかについては様々な見方がある。国際法の形成や適用過程において，いかなる国家も国家であるということだけで等しく取り扱われることを**形式的平等**という。特に国際法が各国に平等に適用されることは**法の下の平等**を意味することになる。

これに対しては**実質的平等**という見方もある。これは，形式的平等を採用すると正義に反すると考えられる場合，これを調整するような規範内容を定める原理となり，その規範目的を達成することが平等とされる。植民地独立後の途上国が先進国との経済格差の是正を主張して「新国際経済秩序」を掲げたことはその具体的な例であり，国際環境法分野で主張される「共通だが差異ある責任」概念も同様である。

また，特に国際組織について，その役割や責任の配分を国家の実情に

適合させて目的を効果的に達成する**機能的平等**という見方もある。それは，国連安全保障理事会における常任理事国の拒否権，国際通貨基金や国際復興開発銀行（世界銀行）における加重表決制のように，国際組織の表決手続において各国に差異を設けるような例で具体化されている。

（3）不干渉義務

　主権国家は，平等であり互いに独立した存在であることから，それぞれの国内問題について他国や国際組織から干渉を受けることはないし，他国の国内問題に干渉してはならない。これが**不干渉原則**であり，国家に課される**不干渉義務**である。こうした義務が国家の基本的な権利義務を構成することは疑いがないが，問題は，どのような事項が国内問題となり，いかなる行為が干渉に当たるかということである。

　国内問題は，国内管轄に属する事項，すなわち**国内管轄事項**といわれ，もともとは国家が自らその範囲を決定できるとされていた。その中には，各国の政治体制，国籍付与の条件，関税の設定，人権，安全保障などが含まれていた。しかし，国内管轄事項の内容は，国際社会の発展とともに変化するという判断が定着し（1923年チュニス・モロッコ国籍法事件常設国際司法裁判所勧告的意見），実際にも，人権問題は現在では国内管轄事項ではなく国際関心事項とされている。また，国内管轄事項自体にも国際法の規律が及んでおり，その下で各国に行動の自由が与えられている事項と考えられている。

　干渉については，戦争が一般的に禁止される前までは武力行使を伴う命令的な干渉が違法な干渉として禁止されていたが，20世紀後半に武力行使禁止原則が確立すると，武力行使を不干渉義務違反とする必要はなくなった。このため現在では，武力の行使や武力による威嚇に該当しない軍事活動や非軍事的な強制手段を伴う活動が違法な干渉に当たるとさ

れる。具体的にいかなる行為が干渉に当たるかについては，国連総会決議である友好関係原則宣言（1970年）で明示されている。

2. 国家管轄権の種類と適用基準

（1）国家管轄権の定義と国際法の役割

　国家主権は，国際法によって規律された国家の権限を含む包括的な概念である。これに対して，国家主権の具体的な機能・作用を説明するのが**国家管轄権**という概念であり，国家管轄権とは，一定の行為や事実について国内法を制定し，その適用や執行を図る国家の権能とされる。

　国家が自国の法を用いる，すなわち国家管轄権を行使する根拠は二つの考え方に大別される。その一つは**主権内在説**で，国家が国内法を適用・解釈・執行するのは国家主権に基づく作用とする考え方であり，もう一つは**特定権限説**で，国家による国内法の適用・解釈・執行は国際法が国家に付与した権限であるとする。ただ，いずれの場合においても，国内法に従って定められた管轄権は，国際法によっても認められなければならない。国家管轄権の配分を定めることは国際法に固有の基本的な機能だからである。

　国家管轄権に関する国際法の役割は，各国家が管轄権を行使してそれらが互いに競合したり抵触したりする場合に，管轄権の配分や管轄権に基づく措置の優劣を決定することであり，それを通じて関係国間の紛争を回避し解決することである。

（2）国家管轄権の歴史的展開と機能上の分類

　国家による権力の行使形態には，人やモノに対して及ぼす支配（**インペリウム**（*imperium*））と，自国領域に対する領有権や処分権を中心

とする支配（ドミニウム（*dominium*））がある。前者は国民の忠誠義務に基づく**属人主義**という管轄権の基礎に対応するもので，歴史的には近代に入ってまず中心となった行使形態である。その後，近代主権国家が領域国家として成立し，後者のような領域を中心とする支配形態へと転化していく。これは，国家管轄権の設定基準としての**属地主義**に対応する。近代国際法は領域に関する規則を発展させ，管轄権行使に関しても属地主義が主たる原則となり，属人主義はそれを補充するものに後退した。

19世紀から20世紀初めに強調された主権の絶対性という観念の下では，主権の具体的な作用を示す国家管轄権の概念を用いることに積極的な意味はなかった。特定権限説に依拠することにより，抽象的で包括的な主権と区別される国家管轄権概念が説明できるようになったのである。

主権と区別される国家管轄権を論じる意味は，一つの事実に複数の国家の国内法が適用される可能性が生じるなど，諸国家の主権が衝突する場合に，そうした主権が適用される範囲をそれぞれ整理し限定して説明することにある。例えば，A国民がB国民をC国において殺害したときにどの国の国内刑法上の規則が適用されるのかということが，主権の衝突により提起される具体的な問題を表すことになる。そのような場合に主権の衝突を整理していずれの国家の主権が優先して適用されるかを提示するには，国家管轄権の権能を分類して，管轄権の設定のための具体的な根拠を定めることが有用なのである。

管轄権の権能を分類する場合によく用いられるのが，立法管轄権，司法管轄権，執行管轄権というように三つに分類する方法である。**立法管轄権**は，国家機関が国内法令を制定することにより一定の現象についての適法性を判断する基準を設ける権能である。**司法管轄権**とは，国家機

関がその裁判管轄の範囲を定めて，具体的な事案に国内法令を解釈・適用してこれを審理し判断を下す権能を表す。そして**執行管轄権**は，国家機関が逮捕・捜査・押収・抑留などの物理的な手段によって国内法令を執行する権能のことである。これら3種類の国家管轄権の権能は，必ずしも全て立法・司法・行政の三権に対応するわけではない。行政機関も政令の制定など行政立法を行うことで立法管轄権を行使するし，裁判所も財産の差押えなど執行管轄権を行使する。3種類の国家管轄権の権能の区別は，法の定立，法の解釈・適用，法の執行という国家の作用に対応した機能的な分類なのである。

3. 国家管轄権の設定と域外適用

(1) 属地主義に基づく管轄権の設定

　国家が管轄権を行使するためには，行使の対象との間に何らかの関係が必要である。国家管轄権を設定する基準には，一般に，属地主義，属人主義（積極的属人主義・国籍主義），消極的属人主義，保護主義，普遍主義，そして効果理論といった種類が挙げられる。

　属地主義とは，行為や事実が生じた場所の所在国であることを根拠として行使される管轄権の設定基準である。これは国家が領域主権を有することに基づくものであり，管轄権設定においては原則に当たる。属地主義を管轄権設定の原則とすることについては，現代の主権国家が領域国家として存在することと符合するし，実践的には，明示される国家領域の範囲により管轄権の適用範囲が明確に特定される特徴を有する。

　上記で述べた3種類の国家管轄権の権能は，いずれも国家がその領域内で行使し得る。特に司法管轄権と執行管轄権は，管轄権行使国が旗国や登録国となっている船舶や航空機などを除き，原則として国家領域内

での行使に限られる。他方，立法管轄権については，国境を越えて国家領域の域外への適用が認められる。国内法がその国家領域以外の領域に適用される場合があるが，そのためには別の根拠が必要である。

（2）立法管轄権の域外適用の設定基準

属地主義が国家管轄権の設定基準の原則であるとすれば，その例外に当たるものには，積極的・消極的属人主義，保護主義，普遍主義，そして効果理論がある。これらの根拠に基づき，国家はその国内法の効力を自国領域外に及ぼすのであり，いわゆる立法管轄権の域外適用を行うことになる。

積極的・消極的属人主義は，いずれも**国籍**をつながりとして，自国領域外にいる自国民に対して管轄権を行使する基準である。このうち**積極的属人主義**は，自国民の自国領域外での行為に対して行使される管轄権の基準であるのに対して，**消極的属人主義**は，自国民が自国領域外において被害を受けた場合に行使される管轄権の基準である。

保護主義とは，例えば，海外から国家の領土保全や政治的独立を乱したり，通貨制度のような国家の基本的な経済秩序を害したりするような行為によって国家の安全などの重大な利益が侵害されることを根拠として，実行行為者の国籍や実行行為地の如何を問わず行使される管轄権の基準である。自己の安全や重大な利益を侵害する行為を決定するのは個々の国家であるため，その判断次第で濫用のおそれもあることに留意しなければならない。

普遍主義は，海賊行為のように問題となる行為を行った者に対して全ての国が行使し得る管轄権の基準である。国際社会にとって保護されるべき利益が侵害されたことを根拠とするもので，具体的には，とりわけ諸国の共通利益を害する犯罪について，行為者の国籍や実行地の如何を

問わず，自国の国内法を適用してその行為者の身柄を抑留し逮捕することが可能とされる。

（3）効果理論に基づく競争法の域外適用

　国内法の域外適用の問題で論争を呼ぶことが多いのが競争法の域外適用である。その管轄権の適用基準となるのが**効果理論**といわれる考え方で，第二次世界大戦中から戦後にかけて米国の判例で発展してきた。それによれば，領域外の行為であっても，その行為の効果が領域内に及ぶことを根拠として，管轄権が問題となる領域外の行為について行使される。例えば，ある国への鉄鋼の輸出量を外国の生産会社がカルテルを結んで制限した場合，その輸出先の国は，問題のカルテルが外国での外国会社の行為であっても，それが自国の市場に影響を及ぼす意図があり現実に影響を及ぼしたのであれば，自国の競争法をこのカルテル行為に適用して違反と判断できることになる。

　米国による効果理論に基づく自国競争法の域外適用は，立法管轄権の一方的な拡張であり，相互主義が作用しにくいという他国からの批判も招いたが，その後，EUが同様に競争法の域外適用を採用し，日本による独禁法の域外適用もまた国内判例で確認されている（平成29年（2017年）ブラウン管事件最高裁判決）。

4．国家免除

（1）国家免除の概念

　国家免除（主権免除）とは，国家が国家自身やその財産に関して他の国家の国内裁判所の裁判権からの免除を享有するというもので，国家はその行為や財産に関して外国の裁判権に服することを強制されない。し

たがって，すなわち国家は，原告として外国の裁判所に訴えを提起できても，自発的に免除を放棄して応訴する場合を除けば，同意なしに被告として外国の国内裁判所に提訴され，その裁判権に従属するよう義務づけられることはないのである。

こうした国家免除は，「対等なる者は互いに支配権を持たない」という法諺に表現される原理に基づき，実際には各国の国内裁判所の判例を通じて発展してきた原則である。国際司法裁判所（ICJ）も，国家免除は国家の主権平等原則に由来するもので，国際法秩序の主要な原則の一つであるとしている（2012年国家裁判権免除事件判決）。

国家免除には，外国の国内裁判所の裁判権からの免除を意味する**裁判権免除**と，外国の国内裁判所の裁判権が認められても，当該国内裁判所の命令・判決等を執行する強制執行からの免除を意味する**執行免除**とが含まれる。

国家免除は主権国家には当然認められる。未承認国家については各国の国内裁判所で取扱いが異なっており，日本では，未承認国家が実効的支配を確立していることを理由に民事訴訟に関する裁判権免除が認められている。また，公社や国立銀行，独立法人といった政府関係の事業体は，国家とは別個の国内法人格を有することが多いが，公益のための活動を行う機関とみなされる限りで国家機関に準じて免除が認められるとする国内判例もある。もっとも，公共的な事業を行う機関であっても非政府団体の組織形態では免除は認められない。

（2）国家免除の対象事項

国家免除は，歴史的にはまず，全ての国家の行為や財産について免除が認められるという**絶対免除主義**をとっていた。これは，国家と個人の活動範囲が明確に区別され，国家の活動が私人により行われる経済活動

には関与しないことが前提となっていたことによる。ところが，20世紀に入り国家の活動領域が拡大し，国家自身が私人と同じ条件で経済活動の主体として登場するようになると，絶対免除主義では不都合なことが起きるようになり，国家の行為や財産の一部についてのみ免除を認めるという**制限免除主義**が唱えられるに至った。同じ活動をしていても，絶対免除主義では外国国家と私人との間の国内訴訟で被告となるのは必ず私人となることから両者の間で不平等が生じたためである。また，ロシア革命によりソ連が成立して社会主義国が登場し，第二次世界大戦後にその数が増加すると，全て国家機関として活動する社会主義国と私人の取引が増えたことから，絶対免除主義では取引の安全や私人の権利保護が十分とはいえなくなったことも，絶対免除主義から制限免除主義への移行を促した要因の一つである。

　制限免除主義は，早くもイタリアやベルギーでは19世紀末に採用され，米国や欧州諸国も1970年代までには制限免除主義に移行した。また，旧社会主義諸国も現在では制限免除主義に切り替えており，2004年に国連総会で採択された国連国家免除条約（2024年11月現在未発効）でも制限免除主義が採用された。日本は，もともと絶対免除主義の立場に立っていたが（昭和3年（1928年）中華民国に対する約束手形金請求為替訴訟事件大審院決定），ほぼ80年後に最高裁は制限免除主義を正式に採用する判断を行った（平成18年（2006年）パキスタン貸金請求事件最高裁判決）。

　制限免除主義では，免除が認められる行為と認められない行為とが区別される。前者は**主権的行為**，後者は**業務管理行為**と呼ばれる。免除は国家の主権的権能の遂行が妨げられるおそれがある場合に認められるのであり，これら二つの行為を区別する基準が重要となる。区別基準には，活動の目的が国家の主権的目的を達成するための行為であったかど

うかで区別する**行為目的基準説**と，活動の性質に着目して契約など私人が行えるものはその目的にかかわらず業務管理行為として免除を否定する**行為性質基準説**とがある。行為目的基準説では，公的目的が国家により異なる可能性もあり，公的目的が拡大されて免除の対象となる行為が行為性質基準説による場合よりも広くなりやすい。このため，行為性質基準説が制限免除主義を適用する際の一般的指標とされることが多く，国連国家免除条約においても，免除が認められない「商業的取引」について行為性質基準説を原則としつつ，行為の目的も補充的に考慮する立場に立っている（同条約2条）。日本では，2010年に，国連国家免除条約の規定内容を考慮に入れた対外国民事裁判権法が施行されている（同法8条）。

（3）免除の例外

国連国家免除条約では，国内裁判所において外国国家に裁判権免除が認められない事項として，雇用契約（11条），不法行為による人身・財産損害（12条），財産権（13条），知的財産権（14条），会社等の構成員としての地位（15条），国有船舶（16条），仲裁合意がある場合（17条）を挙げている。

この中で，12条は，法廷地国領域内での人や財産への損害は主権的行為でも免除は認められないという，いわゆる**不法行為免除例外**を定め，国家の不法行為について裁判権免除を否定している。ただし，慣習国際法によれば，法廷地国領域内での人や財産への損害が武力紛争時において生じた不法行為訴訟では免除は否定できない（2012年国家裁判権免除事件ICJ判決）。

なお，強行規範に違反した国家の行為について裁判権免除の例外（**強行規範違反行為免除例外**）が認められるかどうかについては，各国の国

内裁判所や国際裁判所で判断が分かれる。第二次世界大戦中のドイツによる強制連行・強制労働の被害者であるイタリア国民がドイツを訴えた事件で，イタリアの国内裁判所はドイツに裁判権免除を認めなかった（2004年フェリニ事件イタリア破棄院判決）。他方で，外国軍隊の行為は，強行規範に違反するかどうかにかかわらず，当該外国国家は裁判権免除を享有すると説いた国内判例があるほか（2002年マルゲロス事件ギリシャ最高裁判決），ヨーロッパ人権裁判所は強行規範違反の行為について国家に免除を認めない国内判例に理解を示しつつも，法廷地国外で行われた拷問の損害に関する訴訟について外国国家に免除を与えることはできないという考えが国際法において受け入れられているとはいえないとした（2001年アル・アドサニ事件判決）。これに対してICJは，強行規範に関する規則と国家免除に関する規則は異なる事項を扱い両者間に抵触は生じないとして，強行規範に違反した行為に国内訴訟が関係すると仮定した場合でも，国家免除に関する慣習国際法規則の適用に影響はないとして，裁判権免除が認められるとの判断を下している（2012年国家裁判権免除事件判決）。

（4）執行免除

外国国家に裁判権免除が認められない場合，その裁判の結果，被告の外国国家への強制執行の問題が生じ得る。裁判権免除は否定されても，執行免除が認められると，裁判の実効的な結果が得られないことから，こうした場合には執行免除も否定されるとする主張もあるが，国連国家免除条約では，裁判権免除と執行免除の区別を前提に，強制執行はできないことを原則としている（18条・19条）。

学習課題

1. 立法管轄権には域外適用が認められ，司法管轄権と執行管轄権の行使は国家領域内に限定されるのは，なぜであろうか。
2. 国連国家免除条約の規定を読んで，裁判権免除と執行免除が認められない場合を整理してみよう。そのうえで，なぜそのような免除例外が定められているのかを考えてみよう。

参考文献

田畑茂二郎『国家平等思想の史的系譜』（有信堂，1960年）
藤澤巌『内政干渉の国際法』（岩波書店，2022年）
水島朋則『主権免除の国際法』（名古屋大学出版会，2012年）
山本草二『国際刑事法』（三省堂，1991年）

7 | 陸地・空・宇宙空間

≪学習のポイント≫ 国家が排他的に自国の国家管轄権を行使する領域が国家領域であり，そこでの主権の役割とそれを規律する国際法上の原則を確認する。また，この領域を国家が取得する方法及び領域をめぐる国家間紛争を規律する国際法の役割についても解説する。さらに，国家領域の陸地及び海洋以外の空間（空，宇宙空間，極地など）に及ぶ国際法の役割についても触れる。

≪キーワード≫ 領域主権，領土保全原則，領域使用の管理責任，領域権原，領域紛争の解決，空の自由，宇宙法，南極条約体制，国際河川，国際運河

1. 国家領域と領域主権

（1）国家領域の構成要素

ある実体が国家として成立するための条件の一つに明確な領域の存在がある。この**国家領域**とは，それが帰属先となる国家が領域主権を行使するところであり，国境によって国家権力を行使する物理的な限界が設定される。この限界内の領域において，国家はその主権を排他的かつ包括的に行使し得る。

この国家領域は，陸地を中心とする**領土**，内水と領海，そして設定されている場合には群島水域も含めた**領水**，領土と領水の上空の空間である**領空**で構成される。領土は割譲などで他国への移転が可能となるが，

領水と領空だけでは移転の対象とはならず，領土の移転に付随する。領土のない国家は存在せず，その意味で，領土は国家領域における基本的な構成要素である。

(2) 領域主権の特質と領域主権にかかわる原則

　国家は，自国領域内において領域主権を有し，国際法が制限を課していない限り，自国領域内の全ての人やモノ，事実などを支配することができる一方（**領域主権の包括的性格**），自国領域内での他国の主権の行使を排除することができる（**領域主権の排他的性格**）。領域主権の本質は，**国家領域を客体として所有・処分する権限**（ドミニウム *dominium*）の側面と，**自国領域内の全ての人やモノなどを支配・管理する権限**（インペリウム *imperium*）の側面の双方を有する。

　こうした領域主権の内容から，国家は互いに他国の領域の現状を維持して他国の領土保全を尊重する義務を負う。これが**領土保全原則**であり，国連憲章2条4項や友好関係原則宣言（1970年）などでも規定されている国際法上の基本原則である。

　他方で，国家は，自国領域を排他的に管理する裏面として，自国の管轄・管理下における活動が他国の領域に損害を発生させることがないよう確保する義務を負う。この**領域使用の管理責任**は，越境大気汚染とそれによる被害の問題が提起された1941年トレイル熔鉱所事件仲裁最終裁定で明確にされ，アルバニア領海内の機雷で被害を受けた英国軍艦の事例を扱った1949年コルフ海峡事件ICJ本案判決で確認された後，自国以外の地域の環境を害さない義務を示したストックホルム人間環境宣言（1972年）で展開を遂げた。これらは国際環境保護の分野で領域主権の行使が抑制されることを示しており，国家領域は，その国家の利益を実現するためだけに利用されるのではなく，国際法規則の積極的な規律を

通じて国際社会の一般利益を実現する空間としても存在しているのである。

2. 国家領域の取得

(1) 領域権原の役割と種類

　国家領域については，歴史的に国家が国際法に先行して存在する場合には国家領域も所与のものとみなされるほか，新国家の成立の場合には新国家が実効的に支配する領域が国家領域とされる。これに対して，既存の国家が以下のような領域権原に基づいて，ある一定の地域を自国の国家領域と主張する場合もあり，領域紛争の多くはこうした領域権原をめぐるものとなっている。

　権利を生み出す事実やその根拠を**権原**（**title**）といい，特定の地域を国家が法的に取得できる根拠を**領域権原**（**territorial title**）という。国家は，領域権原が有効であれば，この権原を根拠とする領域を自国領域として領有することを国際社会全体に対して有効に主張することができる（領域権原の**対世的な**（*erga omnes*）**効力**）。

　国家が自国領域の取得根拠として主張してきた領域権原は，歴史的には，先占，添付，割譲，時効，征服とされてきた。これはいわゆる様式的領域権原論と呼ばれるもので，所有権移転に関するローマ法規則を類推適用することにより形成され，近代国際法においては，ヨーロッパ諸国間の領域の変動や非ヨーロッパ諸国の領域をヨーロッパ諸国に編入するための根拠として援用される理論であった。

　領域権原の代表的なものが**先占**（**occupation**）である。先占とは，国家が，どの国家領域にも帰属していない地域である**無主地**（*terra nullius*）を領有する意思を示して実効的に占有することであり，無主

地を対象とすること，領有意思の存在，実効的な占有という要件を満たさなければならない。

海底火山の噴火による島の出現や河口での土砂の堆積といった自然現象のほか，埋立てなどの人工的な土地の造成のように，国家領域内に現れた土地は自動的にその国の領域として取得が認められる。この場合の権原を**添付**（**accretion**）といい，その国家が行使している領域主権が新たに登場した地域にも拡大することになる。

国家がその領域を相手国に移転させることを**割譲**（**cession**）という。その一部の移転を割譲として，領域全部の移転を**併合**（**annexation**）ということもあり，また条約などの平和的手段による領域移転を割譲，武力などの強制的手段による領域移転の場合を併合とする定義もある。

他国の領域に対して，先占と同様，実効的占有を継続的かつ平穏に行う領域権原に**時効**（**prescription**）がある。しかし，国際法では時効の完成に必要な時間の長さは不明確であることから，その権原性を疑問視する向きもあるほか，国際裁判においても，時効が当事国に援用されることはあるが，時効により領域取得を明確に認めた判例はこれまで存在しない（1911年エル・チャミザル事件裁定で米国・メキシコ国際境界委員会は米国の主張した事項の問題に立ち入らず，1999年カシキリ／セドゥドゥ島事件判決でICJは，ナミビアが主張した取得時効の要件について，当事国間の特別合意での議論に限定したうえで，本件はその要件を充足しないと判示した）。また，時効の場合，相手国に領域権原があることを前提として実効的占有を行っていることを証明しなければならず，実際には主張されにくい。現実の紛争では，時効ではなく，相手国の承認や黙認により対立する権原が調整されることになる。

歴史的には，戦争終結後に講和条約を締結することで敗戦国の領域を

戦勝国に移転させることが行われてきた。20世紀初頭における戦争の違法化に至るまでは，武力により他国領域を自国の領域とすることは法的に可能であり，その領域権原として**征服**（conquest）が認められていたのである。征服は，交戦国が領有の意思を持って敵国領域の全部または一部を軍事占領する武力行使であり，その後の講和条約の締結は，領域の移転を法的に確認する手段であった。現代においては，武力行使禁止原則が確立していることから，もはや征服を正当な領域権原とみなすことはできない。

以上のような領域権原により領域の取得が行われる一方，領域の喪失は，こうした領域権原が失われたり相手国の領域権原が新たに生じたりする場合のほか，その領域の放棄など，独自の事由もあることに留意すべきである。

（2）領域紛争と国際法による解決

現実の領域紛争では，当事国が権原を完全な形で主張することはほとんどなく，それぞれの主張する権原のいずれがより有効かという領域権原の有効性が比較されることになりやすい。いずれの領域権原がより有効なのかは，それぞれの主張に基づく証拠の評価が重要となる。

領域紛争は，過去のある時点でその証拠に基づき，当事国のいずれに問題の領域が帰属するかが問われるため，その過去の時点がいつか，そしてその時点でいかなる国際法が適用されて領域権原が確定されるのかということが重要である。前者は，紛争の決着にとって決定的とみなされる時点であり，これを**決定的期日**という。通常は領域紛争が発生した時点とされ，紛争当事国は，これより前に存在した領域権原の根拠となり得る事実だけを，その証拠として提出することが認められる。したがって，原則として，決定的期日の後に自己の主張に都合のいい実行を積

み重ねても証拠としては認められない。また，後者については，問題となる事態や行為は，その時点に有効であった法に照らして評価されなければならないという**時際法原則**が関係する。ただし，領域紛争の判断では当事者が主張する権利の創設と権利の存続とが区別され，このうち権利の存続は法の発展により要求される様々な条件に従わなければならないという（1928年パルマス島事件仲裁裁定）。国際裁判などで現実の領域紛争を解決する際には，こうした時間的要素を考慮したうえで，領域権原などの具体的な事実が解決基準として利用される。

　領域権原がいずれの紛争当事国においても不十分なままにとどまる場合には，まず紛争当事国間で締結された領域関連条約が利用されることが多い。また，国境線の画定基準として**ウティ・ポシデティス・ユーリス**（*uti possidetis juris*）**原則**（現状承認原則）が適用されることもある。この原則は，植民地本国当局がその植民地に設定した行政区画線を，当該植民地の独立後にそれにより成立した新国家が相互の合意で国境線として維持することを内容とするものである（1986年ブルキナファソ／マリ国境紛争事件ICJ裁判部判決）。さらに，関係国の承認や黙認，抗議なども判断基準とされることもある（1933年東部グリーンランド事件PCIJ判決や2008年ペドラ・ブランカ事件ICJ判決など）。

　以上のような基準が利用できない場合には，実効的な占有が重視されており，1928年パルマス島事件仲裁裁定では領域権原に匹敵するとみなされた「領域主権の継続的で平穏な表示」が援用されたり（1953年マンキエ・エクレオ事件ICJ判決など），元来はウティ・ポシデティス・ユーリス原則との関係で用いられ，紛争当事国の行動の実効性の程度を表す「エフェクティビテ（*effectivités*）」（同原則の下では植民地当局の行動）概念が基準とされたりしている（2002年リギタン島及びシパダン島事件ICJ判決など）。ここで重要なことは，国際裁判では，絶対的な領

域権原を確定して領域紛争を解決するというよりも，紛争当事者が主張する領域権原の相対的な重みを考慮し，いずれの主張がより説得的かということが検討されるということである。こうした紛争解決方式が従来の様式的な領域権原論とどのような関係にあるのかについては，なお引き続き考察する必要がある。

(3) 日本の領土問題

　日本は，ロシアとの間で北方四島（択捉島，国後島，色丹島，歯舞群島），韓国との間で竹島，中国・台湾との間で尖閣諸島に関する領土問題をそれぞれ抱えている。

　(a)北方四島問題

　日本はロシアとの間で日魯通好条約（1855年）を締結し，ウルップ島と択捉島との間を国境とすることで合意した。樺太千島交換条約（1875年）ではウルップ島以北の18の島々が樺太と引き換えに日本に属することになり，日露戦争後のポーツマス講和条約（1905年）ではロシアにより南樺太が日本に割譲された。ところが，第二次世界大戦中の1945年にソ連が日ソ中立条約（1941年）を一方的に破棄して対日参戦し，米・英・ソの間で秘密裏に締結されたヤルタ協定（1945年）に基づき，北方四島とともに千島列島の全ての島と南樺太を軍事占領した。その後，現在に至るまでソ連，さらにロシアが実効的支配を続けている。

　日本は対日平和条約（1951年）で千島列島に対する全ての権利，権原及び請求権を放棄したが，北方四島は放棄した千島列島には含まれず，日本の「固有の領土」であるとして，その領有権を主張している。

　日ソ共同宣言（1956年）は，日本とソ連との間の戦争状態を終結させ（1項），両国間の平和条約締結後に歯舞群島と色丹島が日本へ引き渡されると定めているが（9項），現在まで平和条約は締結されておらず，

日本とロシアとの間の交渉も進展していない。

(b)竹島問題

隠岐諸島の北西約160キロに位置する竹島（韓国名独島）について，韓国は勅令（1900年）により，日本は閣議決定（1905年）により，それぞれ自国領であることを確認し，自国の「固有の領土」としてその領有を主張している。

日本は対日平和条約（1951年）で済洲島，巨文島及び鬱陵島を含む朝鮮に対する全ての権利，権原及び請求権を放棄したが，竹島については明文では放棄していない。韓国は1952年に海洋主権宣言を発し，一方的に李承晩ラインを設定して韓国が管轄すると主張する水域内に竹島を取り込むとともに，その後，警備隊員を常駐させて実効的支配を行っている。

日本は，韓国による一方的な実効的支配に抗議して，1954年，1962年及び2012年の3回にわたり，ICJへの紛争付託を韓国側に提案したが，韓国は一貫して竹島に関する紛争は存在しないという立場を取っている。

(c)尖閣諸島問題

尖閣諸島は，石垣島の北方約170キロの地点に所在する魚釣島など五つの小島と三つの岩礁である。日本は，同諸島が無主地であることを確認して1895年に日本に編入する閣議決定を行い，それ以後平穏に実効的支配を続けてきた。日清戦争後の下関条約（1895年）には尖閣諸島に関する明示の規定はなく，対日平和条約（1951年）でも日本による同諸島の放棄は明記されていない。他方，米国との沖縄返還協定（1971年）では施政権が返還された琉球諸島に尖閣諸島が含まれている。

1960年代後半に尖閣諸島周辺海域で行われた海洋調査で石油・天然ガスの埋蔵可能性が明らかになったこともあり，中華人民共和国と台湾が

別個にそれぞれ1971年に尖閣諸島の領有権を主張して現在に至るが，日本は尖閣諸島に関する紛争は存在しないという立場を取っている。

3．空・宇宙空間

(1) 空

　空は，領土・領水の上部空間である**領空**とそれ以外の空域に二分される。領空は国家領域の一部であり，外国船舶に無害通航権が認められる領海と異なり，領土と同じ意味において，領域国が「完全且つ排他的な主権を有する」（1919年パリ国際航空条約1条及び1944年国際民間航空条約（シカゴ条約）1条）。

　航空機は必ずいずれかの国に登録されてこの登録国の国籍を有し，他国を登録国とする航空機は，領域国の同意がなければ，原則としてその国の領空を飛行することはできない。領域国の同意なくその国の領空で飛行すると，領空侵犯として領域国の主権を侵害したことになり，国際義務に違反する行為となる。領域国は，自国の領空主権を侵害したのが民間航空機の場合には，これを阻止するために武器の使用が許容されるかが特に大韓航空機撃墜事件（1983年）を契機に議論され，現在では武器の使用を控えなければならないとされている（シカゴ条約3条の2）。

　外国航空機の領空飛行では，領域国の主権と国際交通による国際社会の利益を調整することが求められることから，シカゴ条約では，不定期航空の民間航空機について，他の条約締約国における領空飛行と運輸以外の目的での着陸権を認めている。定期国際商業航空については，関係国間の協定で運輸権等が取り決められることが多いが，最近では，航空自由化（オープンスカイ）政策のように航空機の輸送力の自由化を進める動きが強い。

領空以外の空域は，いずれの国の領土・領水にも属さない場所の上部空間であり，各国の航空機は自由に飛行することができる。この空域を飛行中の航空機には登録国の排他的管轄権が及ぶ。航空機の技術基準に関する諸規則については国際民間航空機関（ICAO）が定めてきた。また，自国の安全保障上の理由から領域国が領空に隣接する空域に**防空識別圏**（**ADIZ**）を設定して，同圏を通過する航空機の飛行を監視する実行も見られる（例えば東アジアでは，日本のほか，韓国，中国，台湾が設定）。防空識別圏は，条約上の制度ではなく，公海・排他的経済水域上の上空飛行の自由との関係が問題となる。しかも，近隣諸国が一方的に設定するため，各国の防空識別圏が互いに重複することも多く，実際にはその運用において関係国間での協議・調整が不可欠である。

（2）宇宙空間と天体

空域の高さの限界を超える空間を**宇宙空間**という。空域と宇宙空間の境界がどこかについては，これまでのところ確定していない。

ソ連が1957年に人工衛星の打上げに成功して宇宙空間での活動が本格的となり，これを規律する法制度の設立が必要となった。このため国連宇宙平和利用委員会が作業の中心となり，1966年に宇宙の基本法となる宇宙条約が国連総会で採択され，その後，宇宙救助返還協定（1968年），宇宙損害責任条約（1972年）及び宇宙物体登録条約（1974年）が作成された。1979年には月協定も採択され，月その他の天体を「人類の共同の財産」と位置づけて，国の領有権も国以外の私人による所有権の設定も認めていないが，同協定の当事国は少なく，主要な宇宙活動国も参加していない。

宇宙空間・天体では，全ての国家に探査・利用の自由が認められ（宇宙条約1条），それ自体は国家の領有権の対象とはならない（同2条）。

また、軍事利用については、宇宙空間では大量破壊兵器を地球周回軌道に乗せないことや配置しないこととしたにとどまる一方、天体では一切の軍事活動が禁止された（同4条）。このため、宇宙空間に限り、通常兵器の利用や地球周回軌道に乗せない形での大量破壊兵器の利用は禁止されていない。

　宇宙物体は、打上げた国家が登録して国連に通知する（宇宙物体登録条約2条）。宇宙空間・天体は国家領域ではないので、宇宙物体や乗員については、宇宙物体の登録国が管轄権を有する（宇宙条約8条）。複数国が宇宙活動に関係する場合は、国家管轄権の競合が生じることになり、別に規律する規則が必要となる。例えば、日本など15か国が参加している国際宇宙ステーション（ISS）では複数の国家から派遣された人員が常駐して実験や観測に従事しているが、現在では、国際宇宙基地協力協定（1998年）がその宇宙物体としての登録方法や国家管轄権などに関する規則を定めている。

　宇宙活動は高度な危険を伴うことが多く、これに対応するため国家責任法の原則が修正されて適用される。宇宙活動については国家が許可し継続的監督を行うものとし（宇宙条約6条）、損害が生じた場合には、活動主体が国家機関か私企業かを問わず、全て国家が責任を負うという国家への責任集中原則が採用されている（同7条）。また、宇宙活動により地表や飛行中の飛行機等に損害を与えた場合には、打上げ国が無過失責任を負う（宇宙損害責任条約2条）。

　近年では月での基地建設と持続的活動、さらには火星への有人探査を目指す計画が進められ、この計画に関連して宇宙の探査と利用に関する基本原則を定めたアルテミス合意（2020年）が主要宇宙活動国間で成立したほか、日本も宇宙基本法（2008年）や宇宙活動法及び衛星リモートセンシング法（2016年）、宇宙資源法（2021年）を制定して宇宙活動に

積極的に関与する姿勢を示している。

　こうした宇宙活動の進展とともに，宇宙空間の軌道上に放置された宇宙物体の残骸などが宇宙ゴミ（スペース・デブリ）となって人工衛星等に衝突する危険が生じており，その対策が課題となっている。こうした問題は国連宇宙空間平和利用委員会を中心に議論されており，国連総会決議などのソフト・ローで規律が図られている。

4．極地

(1) 南極

　南極には，氷に覆われているとはいえ，広大な大陸が存在する。19世紀末から現地で探検が進むと，20世紀初頭には英国など7か国（クレイマント）がセクター理論（極点を頂点に2本の子午線と1本の緯度線に囲まれた区域に自国領域があることでその区域全体を領有できるとするもの）に基づき領有権を主張するようになった。しかし，日本を含め，領有権を認めない諸国（ノンクレイマント）との間で対立が生じたため，1959年に締結された**南極条約**では領土権を「凍結」させて領土問題を棚上げにし，同条約の有効期間における活動は領有権の根拠とされないことを定めた（4条）。ただし，今後「凍結」が解除され，領域主権が設定される可能性は排除されていない。なお，南極条約ではそのほか，軍事利用は禁止されて平和目的での利用のみが許され（1条），核爆発や放射性廃棄物の処分も禁止されている（5条）。

　さらに，南極の環境保護や生物資源の保護のため，南極条約環境保護議定書（1991年）などが作成されており，南極条約を中心とした**南極条約体制**が形成されている。

（2）北極

　南極と異なり，北極には大陸が存在しない。氷で覆われた海洋と点在する島々からなるこの地域には，海洋法の規則が適用される。かつてカナダやソ連はセクター理論の適用を主張したが，現在では他の北極海沿岸国と同様，領海，排他的経済水域，大陸棚などの主権・管轄権の設定により管轄権の拡大を図っている。

　最近の地球温暖化の影響に伴う海氷面積の減少により，北極海航路の利用が注目されるとともに，天然資源の開発も促され，資源と海洋環境の保護が課題となっている。1996年には北極圏の8か国が北極評議会を設置し，北極における持続可能な開発や環境保護など共通の課題に関する協力が進められている。

5．特殊地域

（1）委任統治地域・信託統治地域・非自治地域

　第一次世界大戦後に設立された国際連盟では，連盟の委任を受けた受任国が，連盟の監督下で，同大戦で敗戦したドイツとトルコの植民地・従属地域を統治する委任統治制度があった。

　国連の下では，委任統治制度下にあった地域のほか，第二次世界大戦の敗戦国（日本，ドイツ，イタリア）から分離された地域の計11の地域が信託統治制度の下に置かれた。この制度では，委任統治制度と異なり，自決原則に基づき自治または独立の促進という目標が掲げられ，信託統治理事会がその目標の実現を試みた結果，パラオの独立（1994年）によりこの制度を担う信託統治理事会は活動を休止するに至った。

　他方，信託統治地域とならない非自治地域については，施政国が住民の福祉を増進する義務を負っているほか（国連憲章73条），国連総会決

議の植民地独立付与宣言（1960年）により，自決原則に基づき同地域の人民が独立し得るよう早急な措置がとられるべきとされているが，西サハラ，グアム，ジブラルタルなど依然としておよそ10の地域が残されている。

（2）国際河川・国際運河

　ダニューブ川やライン川など，複数の国家を貫流する河川で，関係国間の条約によって沿河国の管轄権が制限され外国船舶に自由通行が認められたものを**国際河川**という。歴史的には各河川で国際河川委員会が設置され航行行政の調整が行われてきた。船舶の航行以外の目的で国際河川が利用される場合にも個別の条約が締結されて沿河国の管轄権が制約を受けることがある。この場合，沿河国は一般に，当該河川について「衡平かつ合理的な利用」を行うものとされる（1997年国際水路非航行的利用条約5条・7条）。

　二つの海域を結ぶ国際水路で，単一の国家の領土内に造られるものであっても，他の国の船舶の利用を考慮して，条約により航行の自由が保障されているものを**国際運河**という。現在，国際運河の代表とされるのはスエズ運河とパナマ運河であり，前者はコンスタンチノープル条約（1888年）で国際化され，自由通航と中立が保障されたほか，この条約の締約国ではないエジプトがスエズ運河を国有化した後は，同国が1957年に一方的宣言で同条約の効力を承認している。後者は英国・パナマ間（1901年）と英国・米国間（1903年）の二つの二国間条約で航行の自由が保障された後，1977年に米国・パナマ間の二つの条約が締結され，それまでの米国による租借を廃止しパナマの領域主権を確認して，1999年に運河の管理運営権は米国からパナマに引き渡されるとともに（パナマ運河条約），同運河が中立であり，全ての船舶の平和的通航に開放され

るものとされた（パナマ運河中立条約）。

学習課題

1. 国際裁判による領域紛争の解決において，その紛争の当事国が自国の主張を展開する際に留意しなければならないことについて考えてみよう。
2. 領域権原が対世的効力を有することには，どのような意義があると考えられるか。

参考文献

池島大策『南極条約体制と国際法』（慶應義塾大学出版会，2000年）
奥脇直也・城山英明（編）『北極海のガバナンス』（東信堂，2013年）
国際法事例研究会『領土』（慶應通信，1990年）
芹田健太郎『日本の領土』（中公文庫，2010年）
太壽堂鼎『領土帰属の国際法』（東信堂，1998年）
鳥谷部壌『国際水路の非航行的利用に関する基本原則』（大阪大学出版会，2019年）
中村仁威『宇宙法の形成』（信山社，2023年）
許淑娟『領域権原論』（東京大学出版会，2012年）
松井芳郎『国際法学者がよむ尖閣問題』（日本評論社，2014年）
柳原正治・兼原敦子（編）『国際法から見た領土と日本』（東京大学出版会，2022年）

8 | 海洋法

《学習のポイント》 海洋法は，歴史的に領海／公海の二元的秩序から国家管轄権の機能分化とその拡大による海域制度の再編成へと展開した。さらに，近年ではこうした海域区分アプローチに加えて，海域横断的な規律制度を含むように，海洋ガバナンスという枠組みでの法的規律の試みも見られる。以上のような状況を国連海洋法条約の内容とその実施，さらに現代における海洋法の発展の観点から解説する。
《キーワード》 領海，公海，大陸棚，排他的経済水域（EEZ），深海底，人類の共同の財産，海洋境界画定

1. 海洋法の史的展開と海洋区域の規律

(1) 海洋法の発展過程

　海洋は古くから重要な交通・運輸手段の経路であり，人々の生活にとって不可欠な役割を果たしていた。中世末期に通商活動で活躍したベネチアなどのイタリア都市国家は，一定の海域を領有してそこを通過する船舶に課税していた。その後，スペインによる，いわゆる新大陸発見でさらに東方貿易が活性化するとともに，当時の覇権国であるスペインとポルトガルの間で世界が分割され，陸地だけでなく海洋まで領有の対象となった（1494年トルデシラス条約）。16世紀末から17世紀前半にかけて，オランダとイギリスが海洋の自由を主張して先行するスペインとポルトガルに挑戦するとともに，海洋が共有物か領有の対象かという論争

も生じた（グロティウス『自由海論』（1609年）とセルデン『閉鎖海論』（1635年）の対立）。その後，海洋一般が自由に領有できるかどうかではなく，沿岸と外洋とを分けて，国家領域の一部となる**領海**と全ての国家に開かれた**公海**という**二元的海洋法秩序**が成立するに至ったのである。

　海洋法の歴史は，海洋国による船舶の自由航行の主張と沿岸国による海洋に対する主権・管轄権の拡大の主張を軸に展開してきた。海洋法の法典化作業は1930年ハーグ国際法法典化会議でも行われ，そこでは領海の幅員が議題の一つであったが，領海3海里（1海里は約1,852m）で合意はできなかった。第二次世界大戦後には，鉱物資源と漁業資源の保有を求めて，米国のトルーマン大統領が自国沿岸から延びる**大陸棚**の地下資源の開発権や公海における漁業資源の保存措置の主張を行い（1945年トルーマン宣言），多数の諸国もこれに続いた。このため，領海と公海以外の水域区分も再検討され，1958年第一次国連海洋法会議では，公海と領海の両制度に関するこれまでの法規則とその発展を法典化した**公海条約**及び**領海条約**，主に第二次世界大戦後の国家実行に基づき新たに登場した制度を定めた**大陸棚条約**及び**公海生物資源条約**という四つの条約が採択された。しかし，領海の幅については，この4条約でも，そして1960年に開催された第二次国連海洋法会議でも合意に至らなかった。その後，国際社会に登場した多数の途上国を中心に，海洋の管轄と利用の再編を目的とした海洋法秩序の変革が主張され，1973年に始まった第三次国連海洋法会議におけるほぼ10年間の交渉を経て，新しい海洋法秩序の枠組みを定めた**国連海洋法条約**が1982年に採択されたのである。

（2）現代海洋法秩序の特徴

　国連海洋法条約による新たな海洋法秩序の特徴としてまず挙げられるのは，海洋が複数の海域に区分され，それぞれの海域で沿岸国が行使し

得る主権・管轄権の内容が異なるということである。国連海洋法条約は，領海の幅を12海里までとして，それまでの対立に終止符を打ち，領海のほかに公海，**接続水域**，**大陸棚**，**国際海峡**，さらに，それまでの国家実行に基づき新たに登場した概念として**排他的経済水域（EEZ）**，**群島水域**，**深海底**といった海域の区分を導入した。そして，沿岸国の権限については，領海には領域主権が及ぶが，その他の海域は国家領域ではないため主権が及ばず，例えば大陸棚とEEZには天然資源の開発等に関する**主権的権利**を行使する形で**国家管轄権**が及ぶものとされた。また，大陸棚の外側に広がる深海底とEEZの外側に広がる公海については，沿岸国の管轄権が原則として及ばず，むしろ国際社会全体の利益が優先的に考慮される。特に深海底とその資源は「**人類の共同の財産（common heritage of mankind）**」と性格づけられ，公海とも区別される独自の区域とされ，その資源開発制度については**国連海洋法条約第**11

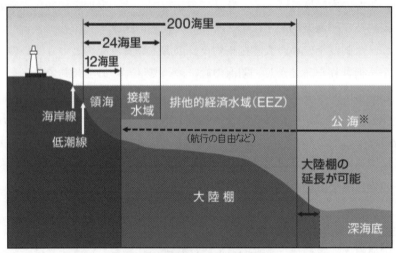

図8-1　領海・排他的経済水域等模式図
　　　（海上保安庁海洋情報部ホームページより）

部実施協定（1994年）で具体化されている。

また，現代の海洋法秩序は，船舶の通航について沿岸国と海洋国との間で利益の調整が行われる。船舶は，それに国籍を付与した国家（**旗国**）による管轄権に服しつつ，公海では航行の自由が保障され，EEZや接続水域でも基本的に航行の自由が認められる。領海には沿岸国の領域主権が及ぶが，船舶の航行の利益を考慮して，外国船舶には無害通航権が認められ，一定の条件の下で領海での通航が可能である。

ただ，国連海洋法条約は，こうした海域ごとの管轄権アプローチを超えて，海洋環境の保全に関する規則のように，海域を横断的に規律する制度も導入した。また，生物資源や遺伝資源の開発規制や生物多様性・生態系の保存なども海域の区分を超えた規律が求められており，2023年には**国家管轄権外区域の海洋生物多様性（BBNJ）に関する協定（BBNJ協定）**が採択されている。将来の海洋法秩序においては，こうした規律制度と海域区分アプローチとが組み合わされて，**海洋ガバナンス**が発展することが期待されている。

2．内水，領海，接続水域

（1）内水

内水とは，領海の幅を測る基準となる線（**領海基線**）の内側にある水域をいい（国連海洋法条約8条），港，湾，内海が該当する。領海基線は低潮線であるが（**通常基線**。5条），海岸線が複雑で通常基線をそのまま適用することが困難な場合には，海岸の一般的方向から著しく離れては引かないこと，その内側の水域が陸地と密接に関連していることなどを条件として**直線基線**を引くことができる（7条）。

内水は国家領域の一部であり，沿岸国の領域主権に服する。また，直

線基線の設定により領海が内水に取り込まれた部分を除き，内水においては領海で認められている無害通航権を外国船舶に保障する必要はない。

一般国際法上，沿岸国が自国の港に外国船舶を入港させる義務を負うことはない。いったん入港した外国船舶については，沿岸国と当該船舶の旗国の管轄権が及ぶが，その行使については，同船舶内で生じる行為について沿岸国が管轄権を有しており旗国に管轄権を認めるのは沿岸国による国際礼譲のためとする**イギリス主義**と，船舶の内部問題は港の平穏を乱さない限り旗国の管轄権に服するという**フランス主義**が対立してきた。しかし，これらは現実の管轄権の行使において対立するものではなく，問題の行為の影響が船舶の内部問題にとどまる限りは旗国が管轄権を行使し，犯人が船外に逃亡するなど港の平穏に影響が及ぶ場合には沿岸国が管轄権を有するという点では両者の考えは共通している。

(2) 領海

領海は領海基線から沖合に向けて広がる一定の範囲の国家領域である。したがって，その上空や海底及びその地下を含めて沿岸国の主権に服する。歴史的に，沿岸国は主権が及ぶ範囲を広げるために領海の拡大を望み，これに対して海洋大国は広い公海を維持するために狭い領海を主張して対立してきたのであり，このため領海の幅は，海洋法上大きな論争点の一つであった。国連海洋法条約は，200海里排他的経済水域や国際海峡における通過通航制度の導入を通じて沿岸国と船舶の旗国の各利益を調整し，領海の幅を最大12海里とした。なお，日本は1977年領海法により，領海の幅を3海里のままとした宗谷海峡など五つの特定海域を除き，12海里領海を設定した。

領海は国家領域であり沿岸国の領域主権が及ぶが，慣習国際法上，外

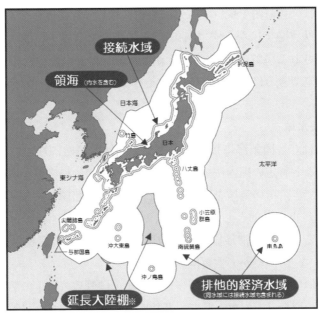

図8-2　日本の領海等概念図（海上保安庁海洋情報部ホームページより）

国船舶には**無害通航権**が認められており，国連海洋法条約もこれを確認している（17条）。無害通航であるためには，停船や投錨を行わず継続的かつ迅速な通航であり（18条），しかも無害，すなわち「沿岸国の平和，秩序又は安全を害しない」ものでなければならない（19条1項）。もっとも何が無害でないかは争いのあるところでもあり，このため国連海洋法条約は，兵器を用いる訓練や演習など具体的な無害ではない活動を列挙している（19条2項）。なお，軍艦の無害通航権について国連海洋法条約は明文の規定を定めず，国家実行も一致していない。日本を含め，先進国や軍事大国には軍艦に無害通航権を認める諸国も多い一方，外国軍艦の領海内通航には沿岸国への事前の通告や沿岸国の事前の許可を求める実行も見られる。

沿岸国は，領海内で航行する外国船舶に対して管轄権を有するが，無害通航を妨害してはならず（24条），その限りで刑事・民事裁判権の行使は制限される（27条・28条）。しかし，航行の安全等のために必要な法令を制定できるほか，航路帯を指定することができる（21条・22条）。

(3) 接続水域

沿岸国は，自国領海に接する公海上で，外国船舶に対して犯罪の防止・鎮圧など特定の国内法令の履行を確保するために必要な取締りを行うことができ，その海域を**接続水域**という。欧米諸国による関税の確保や密輸の防止を目的とした実行が積み重ねられ（英国の徘徊法（1736年）による5海里の海域設定や，米国による12海里の関税水域の設定（1790年）など），やがて慣習国際法となった。

領海条約では，沿岸国の通関・財政・出入国管理・衛生に関する国内法令違反の取締りを対象として，基線から12海里以内での規制が認められ（24条），その後に採択された国連海洋法条約でも同様の規制が認められているが，領海幅が拡大されたため，基線から24海里以内の規制となっている（33条）。接続水域は，もともと自国領土・領海内で行われた上記国内法令違反行為の取締りを目的に設定されたもので，同水域内において国内法令に違反した行為の取締りは行われないが，接続水域内において関係法令を適用して違反を取り締まる実行も拡大している。

3. 国際海峡と群島水域

(1) 国際海峡

マゼラン海峡やダーダネルス・ボスポラス海峡など，公海と公海をつなぎ古くから国際交通に利用されてきた海峡の中には，自由航行の保障

を目的とした特別な条約制度が設定されてきた。

　そうした条約制度のない海峡では，公海部分は船舶が自由に通航できるが，沿岸国の領海部分については外国船舶に無害通航権が認められるにすぎなかった。領海条約では，公海と公海だけでなく，公海と領海をつなぐ海峡も**国際海峡**とされ，この国際海峡内では無害通航権は停止されてはならないものとされた（16条4項）。

　国連海洋法条約では，領海が12海里まで拡大できることになって重要な海峡が全て沿岸国の領海の下に置かれてしまい，特に軍艦の自由通航に支障をきたすことになりかねなかったため（1949年コルフ海峡事件本案判決でICJは，軍艦が国際海峡で無害通航権を有することを認めていた），**通過通航制度**が導入された。国際海峡は公海と公海，公海とEEZ，そしてEEZとEEZとをつなぐ海峡とされ（37条），そこでは通過通航という「継続的かつ迅速な通過」のための航行と上空飛行の自由が認められている（38条2項）。こうした**通過通航権**は公海上の自由通航と領海での無害通航の中間であり，無害性が通航の基準ではなく，航空機にも上空飛行が認められている点が無害通航権と異なっている。これに対して沿岸国は，航路帯の設定する権利や航行の安全及び汚染防止のための国内法令を制定する権利を有するため（41条・42条），船舶や航空機が完全な通航の自由を享受しているわけではない。

(2) 群島水域

　群島水域は，国連海洋法条約で初めて導入された制度で，フィリピンやインドネシアといった，島と水域が密接に関連する一連の島からなる**群島国**（46条）の周囲の水域である。具体的には群島の最も外側の島や礁を結んだ直線基線で囲まれた水域で，一定の条件を満たす必要がある（47条）。この水域には群島国の主権が及ぶが，外国船舶には無害通航権

があるほか（52条），群島国は**群島航路帯**を設定できるが，そこでは国際海峡での通過通航権を準用した**群島航路帯通航権**が外国船舶・航空機に認められる（53条）など，内水にはない制度が認められている．

4．大陸棚，排他的経済水域及び島

（1）大陸棚

　沿岸国の領海を越えた一定の水域の海底とその下が**大陸棚**であり，沿岸国には大陸棚の天然資源を探査・開発する**主権的権利**が認められる．大陸棚は陸地領土の自然の延長であることから，主権的権利は沿岸国に当然に認められる固有の権利とされる（1969年北海大陸棚事件ICJ判決）．国家領域ではないので主権ではないが，天然資源の探査・開発に限って包括的・排他的に沿岸国に管轄権の行使が認められるのである．

　大陸棚条約では，大陸棚の範囲を水深200mまでか，開発可能な範囲までとしたが（1条），開発可能限度を基準とすると開発技術の進展に応じて大陸棚が拡大し，技術を有する先進国により海底が分割されるおそれもあることから，国連海洋法条約では距離基準を導入した．すなわち，基線から200海里までか，沿岸国の領土の自然延長をたどり大陸棚縁辺部の外縁まで（最大でも基線から350海里か，2500m等深線から100海里のうち沿岸から遠いもの）を大陸棚の範囲としたのである（76条）．

　後者の基準により200海里を超える**延伸大陸棚**については，沿岸国が大陸棚限界委員会に延伸に関する海底地形データや情報を添えて申請し，それに応じた同委員会の勧告に基づき沿岸国が設定した大陸棚の限界が最終的かつ拘束力あるものとされる（76条8項）．日本も2008年に申請を行い，2012年に勧告を受けている．

(2) 排他的経済水域（EEZ）

　沿岸国がその領海に接続して基線から200海里までの範囲で設定する水域が**排他的経済水域（EEZ）**である。この水域で沿岸国は天然資源の探査・開発・保存・管理に関する**主権的権利**を有する（56条）。大陸棚の場合と同様に排他的・包括的な管轄権を意味するが，沿岸国がEEZを設定してはじめて認められる権利である点で大陸棚とは異なる。

　国連海洋法条約は，領海を200海里にまで拡大する主張を否定する一方で，主に生物資源の管理に関する主権的権利に限定し，沿岸国に管轄を認める水域としてEEZ制度が導入された。したがって，EEZは，沿岸国の主権的権利に属する事項以外については公海としての性格を有する（58条2項）。

　沿岸国は，生物資源を保存し最適利用を促進する義務を負うとともに，最大持続生産量を維持するために，生物資源についての自国の漁獲能力を決定し，漁獲可能量を漁獲する能力を持たない場合には，その余剰分について他国による漁獲を認めなければならない（61条・62条）。なお，ストラドリング魚種，高度回遊性魚種，海産哺乳動物，溯河性魚種，降河性魚種については特別の規定が定められている（63条〜67条）。

　日本は，国連海洋法条約の批准に際し，1996年に大陸棚とともにEEZを設定し，EEZ内での主権的権利の行使に関する法律を整備した。

(3) 島

　国連海洋法条約では，「自然に形成された陸地であって，水に囲まれ，高潮時においても水面上にあるもの」を**島**という（121条1項）。高潮時に水没する陸地は**低潮高地**である（13条1項）。島であれば，全て領海，接続水域，EEZ，大陸棚を有する（121条2項）。これに対して，「人間の居住又は独自の経済的生活を維持することのできない」**岩**は

EEZと大陸棚を持たない（121条3項）。このように，島と岩の区別は，EEZと大陸棚が認められるかどうかという資源開発の観点からは大きな違いが生じる。2016年に南シナ海事件裁定で仲裁裁判所は，島であるためには人間の居住と独自の経済的生活のいずれかが満たされればよいとしつつ，独自の経済的生活について，外部からの継続的な供給によってしか人間の居住が維持されないのであれば，島の要件を満たさないとして，島の要件を厳格に解釈した。この判断に対しては，国家実行に反するという批判がある。

5．海洋の境界画定

（1）領海

　海岸が向かい合う国の間や隣接している国の間では，各海域の境界線が問題となる。そのうち領海の境界画定については，領海条約で，両国間で別段の合意がない限り，等距離・中間線が境界線となるとされ（12条1項），国連海洋法条約でも踏襲されている（15条）。

（2）大陸棚と排他的経済水域

　大陸棚の境界画定についても，領海条約と同時期の大陸棚条約では等距離・中間線方式が採用されたが（6条），領海と異なり広い面積を有する大陸棚の場合には，この方式をそのまま適用すると関係国間での大陸棚の配分に不衡平な結果を招くこともある。1969年北海大陸棚事件判決がその例であり，ICJは，等距離・中間線方式は慣習国際法規則ではないとしたうえで，当事国は全ての事情を考慮して衡平の原則が適用されるように行動すべきであるとした。この判決を契機として衡平原則が強く主張されるようになり，その後の国連海洋法条約の起草過程におい

ても衡平原則派と等距離・中間線原則派の対立が生じたほか，国際判例でも判断が分かれることとなった。

　国連海洋法条約では，大陸棚のほか新たに導入されたEEZについてもそれぞれ境界画定の規則が定められ，それによれば，EEZと大陸棚の境界画定については衡平な解決を達成するために国際法に基づいて合意により行うとされている（74条・83条）。しかし，具体的な画定基準は定められていないため，国際判例では，衡平な解決を達成するための具体的な方法として段階的な手法を採用し，最終的には3段階アプローチが判例法理として採用されるに至った。すなわち，まず暫定的に等距離・中間線を引き，次に衡平な結果を達成するために暫定線を移動させる要素が存在するかどうかを検討した後，最後に，そのように引かれた線が，各海岸線の長さと各当事国の海洋区域の間の割合との間における著しい不均衡により不衡平な結果を生じさせていないことを検証するというものである（2009年黒海海洋境界画定事件ICJ判決）。

6．公海

　公海は，内水，領海，群島水域，EEZを除く海洋部分であり，伝統的に**公海自由の原則**が適用されてきた。この原則は，公海を全ての国家が自由に使用できることといかなる国家も領有できないことをその内容とする。公海の使用には航行や上空飛行，海底電線・パイプラインの敷設，漁業などが含まれるが，その際には他国の利益に妥当な考慮を払わなければならず，平和的目的のための利用でなければならない（87条・88条）。

　公海上を航行する船舶は，その国籍国である**旗国**の排他的管轄権に服する。これを**旗国主義**という。船舶に国籍を付与する条件は各国が定め

るが，船舶と旗国との間には「**真正な関係**」が必要である（91条1項）。ただし，公海上の海賊船舶・海賊航空機については，いずれの国家も管轄権を行使することができる（105条）。

公海自由の原則の例外として，沿岸国は，自国法令に違反した外国船舶を公海上まで追跡して拿捕する**追跡権**を行使できる。国連海洋法条約では，沿岸国は，内水，群島水域，領海，接続水域，大陸棚，EEZにおける自国法令違反の疑いのある外国船舶を追跡することが認められている。追跡権の行使には，追跡前の停止信号の発出や中断のない追跡などの条件が課される（111条）。

国連海洋法条約は，公海での漁業の自由を確認する一方，特定の魚種についてEEZ内外での原則的な規律を定めるだけであったので，公海漁業については具体的な制度を別に設けることとなった。その結果として締結されたのが**国連公海漁業協定**（1995年）で，ストラドリング魚種と高度回遊性魚種を対象に，国連海洋法条約の関連規定の効果的な実施が意図されるとともに，持続可能な開発や予防的アプローチといった概念が導入されている。

7. 深海底

（1）深海底の法的地位

国家の管轄権を超えた区域（大陸棚以遠の海底）が**深海底**である。そこには，ニッケルやコバルトなどの重金属を含むマンガン団塊などの鉱物資源が存在する。国連総会は深海底原則宣言（1970年）を決議として採択し，深海底とその資源は「**人類の共同の財産（common heritage of mankind）**」とされ，国連海洋法条約でもこの概念が採用された（136条）。これは，公海自由の原則の下で深海底の分割と独占を目指して開

発を進める先進国に対抗して，深海底を国際制度の下に置き，各国の主権や主権的権利の主張を否定し私的所有を禁止して，その資源に対する権利を人類全体に付与するものである。このため，深海底の鉱物資源の利用・開発を目的として設立された国際海底機構（ISA）が人類全体のために行動するほか（137条），深海底での活動は，途上国の利益に特別の考慮を払うことが求められ（140条），専ら平和的目的のために行われる（141条）。

（2）深海底の開発方式

深海底の開発方式をめぐっては，国連海洋法条約の起草過程において，ISAが運営する事業体による直接開発方式だけにすべきとする途上国と，ISAの権限を開発許可の発給に限定しようとする先進国とが対立した。このため国連海洋法条約では，ISAの下で事業体が行う直接開発と，締約国・締約国の保証を受けた事業者がISAの許可を得て行う開発とが並行して行われる**パラレル方式**が採用された（153条）。また，締約国・事業者が開発申請を行う際には同等の価値を有する鉱区を二つ申請し，そのうち一つをISAが事業体を通じて開発する鉱区として留保する**バンキング方式**も採用されている（国連海洋法条約附属書Ⅲ8条・9条）。

もっとも，先進国はISAの意思決定手続や事業者の義務などについて国連海洋法条約上の制度を批判し，同条約に参加せずに深海底開発を行う動きを見せたため，関係諸国の協議があらためて行われ，深海底開発に関する国連海洋法条約の関連規定（同条約第11部）を実質的に修正する**国連海洋法条約第11部実施協定**（1994年）が採択された。この協定は，国連海洋法条約と単一の文書として解釈・適用され，両者が抵触する場合には実施協定が優先するとされている（同実施協定2条1項）。

学習課題

1. 領海において，外国船舶の通航はいかなる形で保障されているか。
2. 日本と韓国及び日本と中国の関係をそれぞれ念頭に置きながら，大陸棚と排他的経済水域（EEZ）の境界が画定されていない場合における資源開発の方式について考えてみよう。

参考文献

小田滋・栗林忠男（編）『注解国連海洋法条約　上巻・下巻』（有斐閣，1985年，1994年）

栗林忠男・杉原高嶺（編）『現代海洋法の潮流　第1巻〜第3巻』（有信堂高文社，2004年，2007年，2010年）

坂元茂樹『日本の海洋政策と海洋法〔第3版〕』（信山社，2023年）

坂元茂樹（編著）『国際海峡』（東信堂，2015年）

坂元茂樹ほか（編）『現代海洋法の潮流　第4巻・第5巻』（有信堂高文社，2021年，2024年）

瀬田真『海洋ガバナンスの国際法』（三省堂，2016年）

田中則夫『国際海洋法の現代的形成』（東信堂，2015年）

萬歳寛之（編）『海洋法』（信山社，2024年）

村瀬信也・江藤淳一（編）『海洋境界画定の国際法』（東信堂，2008年）

山本草二『海洋法』（三省堂，1992年）

9 | 国際法における個人

《学習のポイント》 国際法は，伝統的に国家間関係を規律する法であったが，国籍を通じて外国人の待遇を規律する側面も有していた。こうした個人との関係で国家が有する国際法上の権利・義務を概観するとともに，現代国際法が個人に認める国際法上の権利・義務，さらには個人が責任を問われる国際犯罪の内容とその責任の追及手段などを概観する。
《キーワード》 国籍，犯罪人引渡，難民の保護，ノン・ルフールマン原則，個人の国際犯罪，「引渡か訴追か」の義務，国際刑事裁判所

1．国籍

(1) 個人の国籍とその決定

　国際法は，伝統的に，国家間関係を規律する規則として発達してきた。他方で，国際法が個人を規律対象として扱うのは，かつては，自国領域内における外国人の待遇についての問題に関連する場合が多く，そこでは自国民と外国人を区別することが前提であった。この区別の基準となるのが**国籍**であり，個人と特定の国家を法的に結びつける絆とされる。国籍は，属人主義に基づく国家の管轄権の基礎であり，また，国家が自国民について外交的保護を発動するための紐帯でもある。すなわち，個人は，国籍を通じて，国籍国の国内法上の義務に従わなければならない一方で，国籍国からの保護を得るのである。
　国籍の付与は国家の国内管轄事項で，具体的な認定は一般に各国の裁

量に委ねられてきた。個人の権利保護の立場からは，国籍の取得を人権として構成し国籍を持つ権利が主張されることもあるが，正当な手続の下で理由があれば国家が個人から国籍を剥奪することは可能であり，国籍を持つ権利や国籍選択権が慣習国際法上確立しているとまではいえない。ただし，国籍付与の基準が国際法上の義務と両立しない場合には，そのような国籍を付与しようとする国家は国際義務違反に問われるおそれがある。

出生による国籍の付与方式には**血統主義**と**出生地主義**がある。血統主義は，父母の国籍を基準に親が自国籍であればその子にも自国籍を付与するというもので，ヨーロッパ大陸諸国やアジア諸国，イスラム諸国などが採用している。日本は，当初父親の国籍のみを基準とする父系優先血統主義を採用していたが，女子差別撤廃条約批准に際して男女間の不平等を是正するために国籍法を改正し（1984年），父または母のいずれでもよいとする父母両系血統主義へ移行した。これに対して，出生地を基準に自国で生まれた子に自国籍を付与するのが出生地主義で，米国や英国，カナダ，豪州，南米大陸諸国などがこの立場である。その他，南アフリカやドイツのように，血統主義と出生地主義を併用する国家もある。

こうした国籍の先天的取得のほかに，その後，国籍を変更・取得する制度もある。**帰化**は，本人の自発的意思により国籍を取得することで，その社会との連関が求められ，その国内で一定期間居住することが要件となることが多い（日本の場合は国籍法5条1項1号により原則として5年以上）。**婚姻**や**養子縁組**などの身分関係の変動で国籍も変動することがある。ただし，このうち婚姻は，女子差別撤廃条約では，夫婦国籍独立主義の立場から，婚姻により自動的に妻の国籍が変更されることや，夫の国籍への変更が強制されることがないように確保する義務が締

約国に課されている。

(2) 国籍の抵触とその調整

　国籍の取得に関しては，各国が基準や条件を定めることが国際法で認められていることから，個人が一人で複数の国籍を取得したり，逆に一つの国籍も取得できなかったりすることが生じる。前者は国籍の**積極的抵触**，後者は**消極的抵触**と呼ばれる。

　国籍の積極的抵触は**重国籍**の問題である。1930年国籍法抵触条約前文にあるように，古くから国籍は個人一人について一つだけということが主張されてきたのは，複数の国籍取得を認めると，兵役義務や戦時での自国への忠誠義務を国民に求める国家の立場からは不都合となるためであった。また，国籍国による在外自国民の保護の手段である外交的保護権（⇒第12章）については，複数の国籍国が行使できることになるため，いずれの国籍国が外交的保護権を行使し得るのかが問題となった。そこで，重国籍者に関する外交的保護については，その個人と最も関係の深い国籍国が発動するという**実効的国籍原則**が唱えられてきた。

　この実効的国籍原則は，単一の国籍の場合にも国籍付与の条件と主張されることがある。ノッテボーム事件でICJは，個人と国籍国との間の「**真正な連関**」という基準を唱えて，より密接な関係にある国家が優位にあると判断し，リヒテンシュタイン国籍のノッテボームの財産をグアテマラが収用したことについて，リヒテンシュタインが経済活動等でノッテボームとより密接な関係にあるグアテマラに対して外交的保護権を行使することはできないとした（1955年ノッテボーム事件第二段階判決）。ただし，この事件では，ノッテボームが単一国籍ながら，リヒテンシュタインとの関係が希薄でグアテマラとのつながりが深く，重国籍の問題に近い特殊な状況にあることがICJの判断に影響していることに

留意すべきである。重国籍やそれに近い特殊な状況であればともかく，一般に，国籍の付与については「真正な連関」は求められず，実効的国籍原則は適用されない。

国籍の消極的抵触は**無国籍**の問題であり，無国籍者はどの国家からの保護も受けられないという点で重国籍の問題よりも深刻である。国籍単一の原則の立場から，外国籍の取得により自国籍が喪失する旨の国内法が規定されるのは（日本の場合は国籍法11条参照），重国籍者を減少させることを目的としているが，これが無国籍者を増加させる危険につながっている。地位や保護が不安定な無国籍者を削減することが望ましく，無国籍となることを防止する国家の義務を定める条約や，特に児童について国籍を取得する権利が条約で確認されている（自由権規約24条3項，児童の権利条約7条1項）。その他，国連では無国籍者の地位に関する条約（1954年）や無国籍の削減に関する条約（1961年）も採択されているが，国家は国籍の付与や剥奪に関する自らの権限が制限されることを懸念して，これら二つの条約への参加には消極的である。

2．外国人の地位

(1) 外国人の出入国

外国人として在留国に滞在する個人には，その滞在理由がいかなるものであれ（旅行，移住，難民など），属地主義に基づき在留国の管轄権が及び，その活動等は在留国の国内法により規律される。

外国人の入国についても，一般国際法上，国家に広い裁量権が認められている。また，外国人の在留資格や在留期間についても在留国が設定し，日本の場合には**出入国管理及び難民認定法（入管法）**がこうした事項を規律している。もっとも，ほとんどの国家は，相互に人の移動の自

由や居住の自由を定めた通商航海条約や経済連携協定などを締結しており，その限りで国際法による制限を受けることになる。

　これに対して，外国人の出国については，外国人に自由が認められており，在留国には法律で認められた特別な理由がない限り出国を制限することはできない（自由権規約12条）。在留国が外国人を強制的に出国させるには，その外国人の活動が犯罪行為などを理由に在留国にとって危険であり，かつ，退去強制に合理的な理由がある場合に限られる。また，適法に入国・滞在している外国人には，在留国の国内法に定める手続に基づいてのみ追放することができるという手続的保障も重要である（自由権規約13条）。

（２）外国人の国内法上の地位と国際法に基づく待遇基準

　外国人は，属地主義により在留国の国家管轄権に服する。したがって，在留国における外国人の法的地位も当該在留国の国内法により規律され，外国人は，原則として在留国の国民と同じく，その国内法上の義務を遵守しなければならない。ただし，在留国の兵役の義務や義務教育は免除され，在留国における参政権や公職に就く権利の制限，土地などの所有権や資源開発権が制限される点は，在留国の国民の場合と異なるところである。

　これに対して，外国人に対して在留国が与える待遇の程度は国際法により規律される。在留国は，外国人を保護する「相当の注意」義務を有するが，どの程度の注意が「相当」なのかについて，これまで二つの見解が対立してきた。一つは**国際標準主義**で，いわゆる文明国内で外国人に与えられている程度の待遇が基準となるという考えである。主にヨーロッパ列強が海外へ経済進出をする際に，相手国が自国民に与える待遇の如何を問わず，文明標準に従って在留外国人を処遇すべきと主張した

という歴史的背景がある。もう一つは**国内標準主義**で，在留国は自国民に与えている程度の待遇を外国人に与えればよいという考えである。これは主に欧米の経済先進国の主張に対抗する形で新興諸国や途上国によって唱えられてきた。この国際標準主義と国内標準主義の対立は解消されたわけではないが，実際には，各種人権条約や投資協定，自由貿易協定などを通じて外国人の待遇の基準は，内外人平等待遇を原則としつつ，各種人権基準と合致することが求められている。

3. 犯罪人引渡

（1）犯罪人引渡に関する国際法規則

国内で犯罪を行った者が外国へ逃亡した場合や自国民が他国領域内で犯罪を行った場合，その外国領域で事件の捜査や犯人の逮捕などの執行措置をとることは，当該外国の領域主権の侵害を構成し国際違法行為となるため，国外の犯人の身柄確保などについては相手国の協力が必要となる。したがって，国家間で相互に捜査共助や司法共助に関する協定が締結され，各国では関連する国内法が整備されてきたのである。

そうした国際協力の在り方の一つとして**犯罪人引渡**がある。これは，他国等で罪を犯し自国領域内にいる犯罪人を他国からの請求に応じて訴追・処罰のために引き渡すことをいう。国家には，犯罪人引渡に関する条約が別に締結されていない限り（日本は米国（1978年），韓国（2002年）との間で締結），他国から引渡請求があったとしても，一般国際法上，犯罪人を引き渡す義務はない。他方で，国内法に基づき，相互主義を条件として犯罪人を他国に引き渡すことはあり得る（日本の場合は逃亡犯罪人引渡法3条2号）。

逃亡犯罪人の引渡しが国際法上有効に行われるには，引渡しの対象犯

罪が引渡請求国と被請求国のいずれの国内法令においても犯罪とされていることのほか（**双方可罰（双罰性）の原則**），引渡請求国は引渡しの対象犯罪以外の犯罪で訴追・処罰してはならないこと（**特定性の原則**）を満たさなければならない。

　自国民を引き渡すことができるかどうかは各国で実行が分かれる。英国や米国は自国民の引渡しも認めるが，日本は**自国民不引渡**を原則としている（逃亡犯罪人引渡法2条9号）。日米犯罪人引渡条約では自国民を引き渡す義務はないが，裁量で自国民を引き渡すことを認めており（同条約5条），日本の逃亡犯罪人引渡法も日本政府の裁量による日本国民の引渡しを可能としている（同法2条柱書）。

　ヨーロッパ人権条約や自由権規約に関する最近の実行では，死刑に相当する犯罪行為を行った者について，死刑存置国から犯罪人引渡の要請を受けた場合，条約締約国である死刑廃止国が刑を執行しないという保証を得ずに引き渡すと，人権侵害に該当し条約違反に問われる事例が出てきており（2003年ジャッジ事件自由権規約委員会見解），この点を死刑廃止国の側が考慮するようになっていることにも注意が必要である。

（2）政治犯不引渡の原則

　犯罪人引渡の制度は，もともと政治犯の引渡しを対象として生まれており，18世紀までは政治犯を引き渡すのが通例であった。ところが，フランス革命を経てヨーロッパでは政情不安により各国に非合法な政権が続出したため，政治犯を引き渡した後にその反政府勢力が政権を奪取すると，その国家との外交関係が危うくなる状況が生じたのである。このため，各国は他国の政治闘争には関与しない方針を採用し，政治犯は引き渡さないという実行が積み重ねられていくことで，**政治犯不引渡の原則**が成立した。この原則は，犯罪人引渡条約（日米条約4条1項1号）

や国内法でも取り入れられており（逃亡犯罪人引渡法2条1号），さらに慣習国際法上の原則であるとも主張されるが，これを否定する日本の判例もある（昭和51年（1976年）尹秀吉事件最高裁判決）。

政治犯罪は普通犯罪と区別され，さらに**純粋政治犯罪**と**相対的政治犯罪**とに分けられる。純粋政治犯罪とは，もっぱら特定国の政治的秩序を侵害する行為であって，暴行罪のような普通犯罪の要素を伴わないものである。これに対して相対的政治犯罪とは，特定国における政治闘争において普通犯罪の要素を併せ持ち行われる侵害行為であり，政治的主張に対する取締りをおそれて民間航空機をハイジャックし逃亡を図るような行為がこれに該当する（平成2年（1990年）張振海事件東京高裁判決）。普通犯罪のほか，相対的政治犯罪も引渡犯罪とされ，特定の犯罪については条約により引渡犯罪とされている（ジェノサイド，アパルトヘイト，ハイジャックなど）。

4．難民の保護

(1) 難民と国家によるその保護

難民とは，自国において，人種，宗教，社会的集団又は政治的意見に基づき**迫害**を受け，それから逃れるために他国に保護を求めて移動した人々をいう。国家は，領域主権に基づいて自国領域内に入ってきた難民に保護を与えることができる。これが**領域的庇護**で，この**庇護権**は個人に庇護を与える国家の権利とされる。外国人を受け入れるかどうかは領域国の権利であることから，難民が希望する国家の庇護を受けることが認められたわけではない。

もっとも，全ての人は迫害を免れるために他国に庇護を求め，それを享受する権利を有するとして（世界人権宣言14条1項），庇護を受ける

個人の権利として庇護権を再構成すべきという主張もある。国連総会決議である領域内庇護宣言（1967年）では，国家が付与した庇護の他国による尊重や迫害される地域への人々の送還禁止などが規定された。しかし，世界人権宣言の人権内容の法典化を目指した自由権規約では庇護権は明記されていないなど，個人の人権として庇護権が確立しているというわけではない。

　なお，庇護には，国家領域外に所在する在外公館（大使館及び領事館）や軍艦等に逃げ込んだ人々を当該機関の国家が保護を与えるという**外交的庇護**も主張されることがある。しかし，この行為はこれら機関が所在する領域国の領域主権を侵害するものとみなされ，中南米諸国の実行を除き，一般国際法上は認められていない。しかし，現実には人道上の考慮や政治的な理由から逃げ込んだ人々に事実上保護が与えられることもあり，領域国も，通常は，公館の不可侵を侵害してまで逃げ込んだ者の身柄を拘束しようとはしないため，両国間で膠着状態となりやすい（ウィキリークス創始者のジュリアン・アサンジは2012年から7年間，駐英エクアドル大使館に滞在した。他方，北朝鮮からの亡命希望者が在瀋陽日本国総領事館に駆け込んだ在瀋陽総領事館事件では，中国の警察当局が総領事館敷地内に侵入して，これら亡命希望者の身柄を連行したとされる）。

（2）難民問題の歴史

　難民問題は，特に第一次世界大戦後，政治犯罪を行ったものだけでなく，人種・宗教を理由とした迫害から逃れて国外に脱出する者が増えたことに始まる。国際連盟は，ロシア革命で発生したロシア人難民に対して救済を与えるため難民高等弁務官事務所を設置して，ノルウェー人科学者・探検家のナンセンを難民高等弁務官に任命し，後にその任務はオ

スマン帝国崩壊をきっかけに生じたアルメニア難民の保護にも拡大した。また，1933年には後の難民条約の先駆ともいえる難民の国際的地位に関する条約も締結されている。

第二次世界大戦後にはヨーロッパの内外で難民が生じる事態となり，これに対して国際難民機関が1946年に第二次世界大戦中の難民救済活動を引き継いで活動を開始し，その後，1950年に創設されていた**国連難民高等弁務官事務所（UNHCR）**がこの活動を1952年に引き継いだ。そして，1951年には，難民の定義や難民の権利を規定した**難民の地位に関する条約（難民条約）**が外交会議で採択されている。

(3) 難民保護の制度

難民条約は，難民の定義を明らかにするとともに，難民の権利を定めた点で重要である。この条約上の難民は，**条約難民**と呼ばれ，「人種，宗教，国籍若しくは特定の社会的集団の構成員であること又は政治的意見を理由に，迫害を受けるおそれがあるという十分に理由のある恐怖」のほか，自分の国籍国の保護を受けられず，国籍国の外にいることが要件となっており（同条約1条A（2）），極めて厳格な定義となっている。特に「迫害を受けるおそれ」が中核的な要件となったのは，冷戦下で自由を求めて東側諸国を脱出する「亡命者」（「難民」と同じrefugeeという語）を西側諸国が積極的に保護しようとしたことがその背景にある。条約難民は，当時のそうした政治的な状況で想定される限られた人々であった。

難民条約によれば，難民申請者がこうした難民に該当するかどうかの難民認定は，条約締約国の国内法上の手続に委ねられる。例えば日本では，入管法に従って難民認定手続が行われる。しかし，難民認定が各国に委ねられる結果として，その認定基準が国によりかなり異なることに

もなる。日本の場合は，条約難民には該当しないが，紛争避難民などを保護するために補完的保護対象者として認定したり，人道上の配慮から在留許可を認めることもあるが，難民認定者数については他国と比べて圧倒的に少ない（出入国在留管理庁によれば，2023年の難民認定申請者数13,823人と補完的保護対象者申請者数678人に対して，難民認定は303人，補完的保護対象者2人，人道上の配慮を理由とした在留許可者1,005人である）。

難民として認定されれば，難民条約に基づき，その締約国領域内において，差別の禁止，信教の自由などの自由権のほか，社会保障や教育を受ける権利などの内国民待遇（領域国国民と同等の待遇）を付与され，これらの権利が国内法で保障されることになる。

難民保護のために難民条約が締約国に課す最も重要な義務は，難民の追放・送還の禁止である（難民条約33条）。これを**ノン・ルフールマン原則**といい，迫害を受けるおそれのある国に難民を追放・送還してはならないとされた。この原則は慣習国際法上の原則となっているとされ，難民条約の非締約国もこの義務を負う。

難民条約の限界は，「1951年1月1日前に生じた事件の結果」としての難民のみを対象とする時間的制約と，前述した迫害要件をはじめとする，難民の厳格な定義であった。前者の制約は難民の地位に関する議定書（1967年）により撤廃されたが，後者の定義は存続した。このため，内戦等を理由に居住地で生活できずに国外に脱出した「難民」や国籍国の国内にとどまる**国内避難民**は，条約難民には該当せず，難民条約上の保護が与えられない。現在では，650万人以上ともいわれるシリア「難民」のように，国内の騒乱や内戦で大量に発生する「難民」の保護が急務となっているのである。

条約難民には含まれないこうした「難民」を「支援対象者」として保

護するために特に活躍しているのが UNHCR である。UNHCR によれば，紛争や迫害によって故郷を追われた人は2023年末で1億1,730万人にものぼり，そのうち UNHCR 支援対象者は3,160万人である（純粋に経済的利益を求めて国外に移動する「経済難民」は含まれない）。UNHCR は，難民問題を解決するために，難民が，ノン・ルフールマン原則により保護されることを前提としつつ，本国へ自主的に帰国することのほか，難民を最初に保護した一次庇護国に定住することや難民が第三国に定住することを支援してきた。しかし，支援を求める人々が十分な支援を受けているとはいえない状況が続いている。

5．個人の国際犯罪

(1) 国際犯罪概念の分類

　個人の行為は，国家の国際法上の責任（国家責任）を生じさせることがある一方（⇒第12章），「国際犯罪」となる場合もある。伝統的には海賊や奴隷売買などの行為が**個人の国際犯罪**とされてきた。そして，特に20世紀後半以降，個人の活動が国際社会を舞台に大きく展開するにつれ，個人の国際犯罪の範囲も広く拡大してきた。

　個人が行う犯罪行為は，原則として行為地の国内法により処罰される。しかし，一国内の捜査だけでは処罰が困難な犯罪が増加し，このため，捜査や逮捕段階で国際協力の必要性が高まり，関係する二国間での捜査・逮捕・犯罪人引渡などの協力のほか，国際刑事警察機構（ICPO）という各国の警察機関で構成される国際組織を通じた協力が行われている。

　個人の国際犯罪は，それを規律する法や処罰する機関に応じていくつかに分類できる。

まず，犯罪の構成要件と訴追・処罰の手続を定めているのが国内法かどうかで区別される。個人が犯罪行為を行う場合でも，犯罪が国内法上の普通犯罪である一方，犯人が外国に所在したり（国外での通貨偽造など），犯罪行為が国際的に行われたり（規制薬物の輸入など）する**外国性を有する犯罪**は，**国際法上の犯罪**とは区別される。

　国際法上の犯罪は，さらに，国際法により一定の構成要件が設定された犯罪について各国の国内法がその行為を犯罪として処罰する**諸国の共通利益を害する犯罪**と，国際社会全体の法益を害することから訴追・処罰が国際法に直接準拠する**国際法違反の犯罪**に区別される。

　このように，国際犯罪は，犯罪の主体はだれか（国家か個人か），保護法益は何か（諸国の共通利益か国際社会全体の法益か），犯罪の構成要件を規律するのは何か（国内法か国際法か），犯罪を管轄するのはどこか（国内裁判所か国際裁判所か）といった基準で分類されるのである。

（２）諸国の共通利益を害する犯罪

　諸国の共通利益を害する犯罪では，国際法が犯罪行為の構成要件を定めて，それに従い国内法が個人の刑事責任を追及する。国際法が訴追・処罰を定めているとしても，国内法で別途訴追・処罰に関する権限が国家機関に認められなければ，国家がこの犯罪行為について個人を処罰することはできない。また，国際法で訴追・処罰に関する条件が定められることにより，通常は犯罪行為地国に限定される訴追・処罰の権利がそれ以外の国家に拡大することになる。

　この犯罪には，海賊，奴隷取引，麻薬取引のほか，ハイジャックや国際テロ行為が含まれる。海賊は，慣習国際法上，いずれの国も行為者を訴追・処罰できるものとされ，現在では国連海洋法条約でその定義が定められており（101条），その他の犯罪行為についても，それぞれに関連

する条約で構成要件や刑事裁判権を設定可能な国家等が特定されている。また，各条約には「**引渡か訴追か**（*aut dedere aut judicare*）」**の義務**が定められている。これは，自国領域内で当該犯罪の犯人が発見されれば，条約で刑事裁判権が認められて訴追を希望する他の関係国に引き渡すか，引き渡さない場合には自国で訴追するかを選択する義務であり，この義務の履行を通して，犯人が必ずいずれかの条約当事国で訴追されることが確保されることになる。

（3）個人の国際犯罪と国際刑事裁判所

　国際法違反の犯罪では，個人の刑事責任が国内法を媒介せずに国際法に基づき成立し，国際機関により訴追・処罰されることになる。第一次世界大戦後のベルサイユ条約にドイツ皇帝の訴追条項が挿入され（ただし滞在先のオランダが引渡しを拒否して訴追は実現せず），第二次世界大戦後には，敗戦国となったドイツと日本の戦争指導者について，ニュルンベルグと東京の各国際軍事法廷で戦争犯罪，平和に対する犯罪，人道に反する犯罪を理由に訴追・処罰が行われた。

　冷戦終結後には，旧ユーゴスラビアとルワンダにおける大量殺害や民族浄化を含む非人道的行為について責任ある個人を処罰するための規程と裁判所（**旧ユーゴスラビア国際刑事裁判所（ICTY）とルワンダ国際刑事裁判所（ICTR）**）が国連安保理決議でつくられた（決議827及び決議955）。

　画期的であったのは，**国際刑事裁判所（ICC）**の設置（1998年）である。ICCを設立したICC規程（ローマ規程）は2002年に発効し，ICCの管轄となる四つの主要な犯罪（**コア・クライム**），すなわち**集団殺害犯罪**（6条），**人道に対する犯罪**（7条），**戦争犯罪**（8条），**侵略犯罪**（5条2項）を定めている。このうち侵略犯罪の内容はローマ規程採択

までに合意できず，その後の締約国会合において，侵略の定義に関する国連総会決議（1974年）を取り込む形で同規程が改正された（8条の2）。なお，これら犯罪についてのICCの管轄権行使は，どの国家も適正に処罰できない場合にICCが国家の管轄権を補完して処罰するという**補完性の原則**に従う（ICC規程前文）。

　ICCの特徴は，ローマ規程発効後に行われた犯罪のみを対象とし（11条），その活動が，締約国による検察官への事件付託，国連憲章7章に基づく安保理による検察官への事件付託，検察官による職権捜査によって開始されるというトリガー・メカニズムを備え（13条），安保理が憲章7章に基づき検察官の捜査・訴追を12か月間停止することができる（16条）といったところに現れている。ICCでは，バシル・スーダン大統領やプーチン・ロシア大統領のような現職の国家元首に対しても逮捕状が発出されており，国家元首といえどもICCの管轄権からの免除は認められないが，他方で関係国の協力がなければ強制的な身柄の確保は行えないため，少なくとも現職の国家元首にとどまる限り，現実には逮捕・処罰は難しい。

　ICCが2002年に設立されて以降，ローマ規程の締約国は124か国を数えており，これまで17の事態で捜査が行われ，ICCには32の事件が係属してきた（2024年9月現在）。

学習課題

1. 個人の国際犯罪をできる限り処罰するために，国際法は，どのような手段を用意しているのだろうか。
2. 日本における難民の認定者数が諸外国と比較して少ないのはなぜなのか考えてみよう。

参考文献

安藤由香里『ノン・ルフルマン原則と外国人の退去強制』（信山社，2022年）
奥田安弘『家族と国籍』（明石書店，2017年）
尾﨑久仁子『国際人権・刑事法概論〔第2版〕』（信山社，2021年）
越智萌『国際刑事手続法の体系』（信山社，2020年）
木原正樹『国際犯罪の指導者処罰』（法律文化社，2021年）
芹田健太郎『亡命・難民保護の諸問題Ⅰ』（北樹出版，2000年）
竹村仁美『国際刑事裁判所の検察官の裁量』（信山社，2022年）
本間浩『国際難民法の理論とその国内的適用』（現代人文社，2005年）
村瀬信也・洪恵子（編）『国際刑事裁判所〔第2版〕』（東信堂，2014年）

10 | 人権の国際的保障

《学習のポイント》 国際法が人権を本格的に扱うようになったのは第二次世界大戦後のことである。各種人権条約が普遍的なレベルでも地域的なレベルでも作成され，人権の国際的基準の明確化と条約義務の履行確保手段の確立が図られた。ここでは，国際社会において人権保障が求められる意義を明らかにしつつ，各種人権条約の規定や条約機関の活動を考察しながら，国際人権の具体的内容と国家の義務，そして当該義務の履行確保制度を概説する。
《キーワード》 人権概念，自由権，社会権，国家報告制度，個人通報制度，人権裁判所

1．人権保護の国際化

(1) 人権の国際的保障の意義

人権は，人が人であるがゆえに，生まれながらに持っている権利とされる。個人の自然的自由に対して国家権力は介入してはならないという意味での人権概念は，「自然権」として近代ヨーロッパに登場した後，アメリカ独立宣言（1776年）やフランス人権宣言（1789年）において，そうした近代的な人権概念が体系的に明らかになり，やがて各国の国内法に取り入れられていった。したがって，人権は，国内法の下で国家が保障すべき権利として位置づけられることになったのである。

国際法が人権保障のための制度を本格的に構築することになったのは，第二次世界大戦におけるナチス・ドイツのユダヤ人迫害を契機とす

る。当時のヨーロッパで最も先進的と思われた国家による蛮行は，国内制度による人権保障がいかに不十分であるかを人々に思い知らせることになったからである。このことは，国際法が人権保障の観点から国家の行動を規律する可能性が拓かれたという意味で，人権問題は国内管轄事項であるという，それまで強調されていた考え方を退けることとなった。それまでは，外国人の権利とその保護は外交的保護制度（⇒第12章）により，その国籍国の権利として国際法が規律する問題であったが，領域国における自国民の人権は当該領域国の国内管轄事項であったのである。

現代の国際法は，人権の国際的保障を制度として導入し，個人の人権を直接規律するとともに，人権保障のための条約を通じて当該条約の締約国に人権を保護する義務を課している。これによって，人権条約の締約国は，自国の管轄権内にいる全ての人——自国民も外国人も——の人権を保障する義務を負うことになり，人権は，伝統的な国際法における国内管轄事項から全ての人の人権を保障する国際制度の下へと置かれることになったのである。

（2）国際人権法の歴史

第二次世界大戦前においても人権にかかわる国際的な制度は存在した。ヨーロッパでは第一次世界大戦の結果として国境線が大きく変更され，多くの国が自国内に少数民族を抱えることとなったため，ベルサイユ条約体制の下で中・東欧諸国が少数民族の権利を保護する義務を負い，各国間で少数民族保護条約が締結された。これは少数民族の信教の自由や法の下の平等などを定めており，人権保護の側面も有していたが，実際にはヨーロッパの戦後の平和と秩序を規律するベルサイユ条約体制の維持が主たる目的であった。このほか，国際連盟が委任統治制度

により第一次世界大戦敗戦国の植民地住民の福祉と発展を図ったことや，国際労働機関（ILO）が資本家と労働者階級の対立による革命の勃発を押さえるために労働者の労働条件の国際的な改善に乗り出したことも，この時期における人権関係の動きとして注目される。

　第二次世界大戦後には国連を中心に国際人権規範が発展していく。国連憲章は人権の保障を国連の目的の一つとしたが（1条3項），人権保護を直接国連加盟国に義務として課したわけではなかった。人権問題は国際関心事項となったものの，国際的に保障されるべき人権の内容は依然として不明確であったほか，人権保護義務を国家に課すとしても，その履行を確保する手続が欠如していたのである。したがって，抽象的な国連憲章の人権関連規定をより具体的な基準・制度とすることが国連の実践過程に委ねられ，人権関連の法規範の法典化作業が行われることになった。この作業の中心的な機関が，国連経済社会理事会の補助機関であった国連人権委員会であり，多くの人権関連文書が国連人権委員会により起草され，国連総会で採択されたのである。

　その最初の文書は**世界人権宣言**（1948年）であった。この文書は，国連総会決議であることから法的拘束力はないものの，全ての人と国家にとって達成されるべき人権保護に関する共通の基準を定めており，それが各国の国内法に取り入れられ，その後の各種人権条約の基礎となったほか，多くの規定が慣習国際法規則にもなっているように，国際社会に大きな影響を及ぼした。その内容は自由権を中心とするが（3条〜21条），一部に社会権の規定も含まれている（22条〜27条）。

　世界人権宣言の内容の多くを条約規定に取り込み，法的拘束力を持たせようとしたのが，**経済的，社会的及び文化的権利に関する国際規約（社会権規約）**と**市民的及び政治的権利に関する国際規約（自由権規約）**という二つの文書（日本の裁判等では，それぞれA規約，B規約と呼ば

れることもあるが，日本でしか使用されない表現であり，国際的には通用しない呼称である）からなる**国際人権規約**（1966年）である。これらはもともと一つの文書として作成することが意図されていたが，東西冷戦の影響により，西側諸国は自由権の優位を説くとともに人権の即時実施を主張したのに対して，東側諸国は権利に優劣がないとして対立し，結局二つの文書に分けて国連総会で採択された。また，自由権規約の履行確保措置として個人通報手続を定めた**自由権規約選択議定書**（1966年）も時を同じくして採択されている。また，その後，自由権規約については死刑廃止に関する選択議定書（1989年）も採択されたことから，現在では最初の議定書を第一選択議定書，後のものを第二選択議定書と呼ぶ。

なお，後述するように，人種差別撤廃条約や女子差別撤廃条約，拷問等禁止条約など，個別の分野においても多くの条約が作成され，人権の内容の明確化や人権保護の基準と制度の具体化に貢献している。

そのほか，国連が主催して開催された人権会議も，そこで採択された文書を通じて，関連する条約規則の解釈など人権規範の展開に影響を与えてきた。テヘラン人権会議では，人権の促進を国家の義務として確認する**テヘラン宣言**（1968年）が採択された。この宣言では，社会権より自由権を優先させる傾向に反発して，社会権と自由権の関連性や相互依存関係性が指摘されている。また，冷戦終結後にウィーンで開催された世界人権会議では，**ウィーン宣言及び行動計画**（1993年）が採択され，人権の促進と保護が国家の義務であり，国連の優先的目標であることが確認された。しかし，人権の普遍性を強調する傾向に対しては，こうした人権概念は欧米中心的であるという批判も招いている（マレーシアや中国などによる「アジア的価値」の主張がその例である）。この点は，人権と，各地域における伝統的文化とが対立する場合があるということ

を意味している。人権の普遍性に対する地域からの抵抗は，文化相対主義の立場から強力に主張されてきたのである。

（3）人権概念の展開と軋轢

こうした人権と地域的・伝統的文化との間の緊張関係のように，人権概念が明確になってその内容が豊富になるにつれ，他の重要な概念との関係が問われるようになる。

その一つは自決権との関係である。国連憲章では人民の自決の原則の尊重が掲げられ，その後，1952年に国連総会は，人民の**自決権**は全ての基本的な人権の完全な享有の前提条件であるとして，これを国際人権規約に含めることを決議した。これを受けて，国際人権規約は，社会権規約・自由権規約の共通1条に，人民の集団の権利としての自決権を規定した。これは，当時はまだ植民地問題が残されていたためであった。

さらに人民が政治的独立を達成し主権国家が成立すると，人権と発展との間の摩擦が先鋭化する。国家は，国際法により人権を保護する義務を負うことになる一方，自国の経済的発展を追求するために，一定の人権を制限しても経済開発を優先するような開発独裁のような国内体制も現れたからである。ここでは，発展を人権享有の前提として捉え，人々の政治的権利を制限しても経済発展を優先するような考えと，そうした開発独裁のような体制による人権侵害に対する非難とが対立する。こうした対立を背景に，1986年に国連総会は発展の権利に関する宣言を決議として採択し，人間が発展の中心的主体であり，発展の権利は不可譲の権利であることを明言した。この発展の権利は，平和に対する権利や環境への権利などとともに新しい人権に数えられ，自由権を第一世代の権利，社会権を第二世代の権利とする立場からは，**第三世代の権利**と主張されることもあった。しかし，特に西側諸国はこれら「権利」の主体や

内容の不明確さからその権利性を疑問視し，第三世代の人権を人権として捉えることに消極的であった。

また，人権は平和との関係も重要である。第二次世界大戦中は，ナチズム・ファシズムから人権を守るという連合国の戦争目的から人権のために平和が必要と主張された。しかし，国連憲章では，国家間の友好関係に必要な条件を整えるためには人権尊重が促進されなければならないというように，第二次世界大戦後は平和のために人権が必要という考え方が強くなる。1978年には国連総会が平和的生存権に関する宣言を決議として採択し，全ての人が平和的に生きる権利を有することを確認した。冷戦期においては，核兵器の世界や軍拡競争に対するアンチテーゼとして，人権としての平和が主張されたのである。しかし，人権が平和をもたらすという見方とは反対に，人権侵害を契機として，人権保護を口実に他国への武力による干渉を行うことへの警戒も見られる。特に冷戦終結後，大規模な人権侵害を止めさせるために武力行使を行うことを正当化する**人道的介入**の主張とそれに対する批判はその例である。

2. 主な人権条約の内容

(1) 国際人権規約

国際人権規約（1966年）は，労働・社会保障に関する権利や生存権的権利のような社会権的基本権を中心とした**社会権規約**と，生命・身体の自由，拷問・奴隷等の禁止，公正な裁判を受ける権利，思想・良心・宗教の自由，表現・集会・結社の自由のような自由権的基本権を中心とした**自由権規約**からなる。これら二つの条約に国連総会決議である世界人権宣言をあわせて**国際人権章典**と呼ぶこともある。

社会権規約は，その実現には国家による一定の措置が必要な権利が多

いため，自由権規約とは対照的に，直ちに達成することまでは求められず漸進的達成でよいとされるが，自由権規約と同様に差別禁止規定もあり（2条2項），それぞれの権利内容で異なる扱いがされるべきである。また，社会権規約の機関である社会権規約委員会が確認しているように，同規約が定める各権利について不可欠な最低限のレベルを満たすことを確保する「核心となる最小限の義務」が全ての締約国に課せられており，そこには，不可欠な食糧，基本的な保健・住居，最も基礎的な教育が例示されている（社会権規約委員会一般的意見3（1990年））。締約国には優先事項としてこうした最小限の義務を履行することが求められているのである。

　自由権規約は，国家からの干渉を受けない自由・権利がその内容であることから，国家による一定の措置が前提となるような社会権とは異なり，締約国に権利保障の即時達成義務を課している。しかし，公正な裁判を受ける権利を保障するには一定の司法制度の発展が前提となるように，自由権の中にもその保障を即時に達成することが困難な場合があることには注意を要する。

　自由権規約には，締約国が，内乱や革命といった公の緊急事態の際に，一定の権利を除き，同規約上の義務から免れることを許容する**デロゲーション条項**（4条）がある。しかし，そのような場合でも，生命権や奴隷状態・取引の禁止，拷問・非人道的刑罰の禁止，刑罰法規の不遡及，思想・良心・宗教の自由に違反し侵害することは許されない。

　自由権規約については，個人通報制度を導入する第一選択議定書のほか，後に，死刑廃止に関する第二選択議定書（1989年）が採択された。また，社会権規約についても，履行確保措置として，個人通報制度，国家通報制度，そして調査制度を定めた選択議定書が2008年に採択されている。国家は，社会権規約や自由権規約の締約国になったうえで，各選

択議定書の締約国になるかどうかを決定できる。2024年10月現在，各文書の締約国数は，社会権規約が172，自由権規約が174，社会権規約選択議定書が29，自由権規約の二つの選択議定書がそれぞれ116と91となっている。

（2）個別的人権条約

　国際人権規約は，社会権及び自由権の基本的な権利を規定しており，グローバルなレベルでの人権の国際的保障にとって中心的な地位を占める。もっとも，様々な分野で人権が尊重されるためには，その分野の特徴を反映した人権の内容や履行確保措置が重要であり，基本的な人権に関する条約以外にも各分野における個別的な人権条約が求められる。このため，国連人権委員会及びその他の人権関係の機関は，個別分野での人権条約を作成した。

　国際人権規約採択より前の個別的人権条約としては，国連人権委員会で起草され国連総会で採択された人種差別撤廃条約（1965年）がある。文字通り人種差別を禁止する義務を定め，これを国家だけでなく私人にも課す点が特徴である。その他，人種差別の扇動の規制も定めるが，表現の自由との関係で日本は留保を付している。

　国際人権規約採択後は，禁止される行為別の観点から拷問等禁止条約（1984年）及び強制失踪からの保護条約（2006年）が採択され，保護される者のカテゴリー別では，女子差別撤廃条約（1979年），児童の権利条約（1989年），移住労働者権利条約（1990年）及び障害者権利条約（2006年）がある。

　以上の条約は国連総会で採択されているが，それ以外の国連専門機関としては，雇用や職業における差別の禁止のほか，結社の自由や団結権，団体交渉権などの労働者の権利の保護に関しては国際労働機関

(ILO) において，教育における差別の防止や文化的多様性の表現の保護・促進に関しては国連教育科学文化機関（UNESCO）において，それぞれこれらに関連する条約が採択されている。

（３）地域的人権条約

　普遍的又は個別的人権条約は，国連やその専門機関を舞台に作成・採択されたものがほとんどだが，それ以外に，各地域において個別に人権条約が採択されていることも注目される。地域的な人権条約が採択されるのは，地域に特有の人権を取り入れやすいことや，密接な関係にある諸国間で共通の利益が成立しやすいということがその背景にある。

　ヨーロッパでは欧州評議会においてヨーロッパ人権条約（1950年）とヨーロッパ社会憲章（1961年）が，米州では米州機構（OAS）において米州人権条約（1969年）が，アフリカではアフリカ統一機構（OAU。現在のアフリカ連合（AU））においてバンジュール憲章ともいわれる人及び人民の権利に関するアフリカ憲章（1981年）が，そしてアラブではアラブ連盟においてアラブ人権憲章（1994年）が，それぞれ採択された。さらに，各地域において，個人に出訴資格を認める人権裁判所も設置されているほか（アラブ地域ではアラブ人権裁判所規程が採択されたが未発効），地域で個別の人権条約なども採択されてきた（ヨーロッパや米州における死刑廃止議定書，アフリカにおける難民条約や女性の権利に関する議定書）。

　これらの条約で保障されるべき人権の内容について共通する部分も多いが（生命権や身体の自由，拷問の禁止，法の下の平等など），地域的な特徴もあり（バンジュール憲章では集団としての人民の権利や個人の義務が規定されている），また，宗教法との関連で一部の人権に対する軽視が懸念されるところもある（アラブ地域におけるシャリアとの関連

での女性の権利)。

こうした中で、人権条約が締結されていない唯一の地域がアジアである。アジアでも1960年代から人権保障のための議論は行われてきたが、宗教、文化、経済などの多様性の尊重や国家主権の強調と内政干渉への警戒から協力体制の構築は進まず、東南アジア諸国連合（ASEAN）において法的拘束力のない ASEAN 人権宣言（2012年）が採択されたのにとどまっている。

3. 人権の履行確保制度

(1) 人権条約上の制度

人権を国際的に保障するための実施措置には、大きく分けて、人権条約上の措置と国連の枠組みでの措置がある。しかし、人権の保障は国内法を通じた国内的実施が基本である。

人権条約の特殊性は、国家間条約という国家間の権利義務関係の形式をとりながら、その主な内容は国家の権利ではなく、個人の人権の保護ということにある。したがって、国家による人権条約上の義務の遵守は、国家自身の権利確保というより、自国管轄下にある個人の人権保障の実現を目的とすることであって、通常の国家間条約と違い、国家の側に条約遵守の動機づけが十分与えられない。また、他の条約締約国の義務違反に対して、対抗措置を通じた義務遵守の要求や国家間での国家責任の追及も、通常の国家間条約の場合と同じように行われるわけではない。そこで、人権条約は、締約国が義務の履行により条約上の目的を実現するための特別の制度を設けている。これが**人権条約上の履行確保制度**である。

人権条約上の履行確保制度には、次の五つがある。第一に、**国家報告**

制度は，締約国に条約上の義務の履行状況を定期的に（多くは４，５年に一度）条約機関に報告する義務を課し，これを条約機関で審査する手続である。締約国の報告書の審査のほか，個人資格の立場の条約機関の委員と締約国の政府代表との間で意見交換が行われるが，これは，条約機関による尋問ではなく締約国との対話であり，それに基づく委員会の勧告を踏まえて，締約国が自発的に人権の保障に支障をきたす原因を正し，その促進を行うよう促すことが目的である。国際義務を強制的に履行させる手段が欠如している国際社会においては，問題となる国家に自発的な遵守を促すこうした地道な方法が効果的な場合も多いのである。

第二に，**国家通報制度**は，締約国が他の締約国による条約義務違反を条約機関に通報し，これに基づき条約機関が必要な措置をとる手続であり，そこでは国家対国家という関係性が現れることになる。この制度を利用することは相手締約国に対する非友好的な行為となることから，その利用は頻繁ではないが，敵対関係がはっきりしてしまった国家間では，紛争解決そのもののためというより，人権分野以外の様々な紛争解決手段の利用と同様に，相手国を非難し自己を正当化するために利用されることもある。

第三に，**個人通報制度**は，人権を侵害された被害者が直接条約機関に被害状況を通報して権利の救済を図る手続で，個人対国家の関係となる。条約機関の判断は法的拘束力を持たないが，国際的な権威を有しており，締約国の行動に事実上の影響を与えることは見逃せない。また，同種の事例における解釈や判断の積み重ねにより，条約義務の明確化や精緻化が図られる点も重要である。なお，個人通報制度が条約本体ではなく選択議定書など別の文書に規定されている場合には，条約本体に参加したうえで選択議定書に入る必要があり（自由権規約第一選択議定書，社会権規約選択議定書，女子差別撤廃条約選択議定書など），条約

本体に制度が導入されている場合には、条約の締約国となることとは別に、この制度に服する旨の宣言を行うことが求められる（人種差別撤廃条約、拷問等禁止条約など）。

その他、第四に、権利の重大な侵害がある疑いについて条約機関が調査を行う**調査制度**、第五に、ヨーロッパ人権裁判所や米州人権裁判所、アフリカ人権裁判所のように、被害を受けた個人に出訴権を認めて、法的拘束力のある判決で締約国の条約義務違反の有無を認定し、被害者の権利を救済するとともに、締約国の条約義務の履行確保を図る**裁判制度**がある。

各人権条約は、条約上の義務内容を考慮して、以上のような履行確保措置を選択し組み合わせて規定している。例えば自由権規約は、同規約本体では国家報告制度と国家通報制度、第一選択議定書で個人通報制度を定めている。具体的な事案において侵害された人権の救済には個別的な手続が有効であることから、個人通報制度が国家報告制度などよりも望ましく、実際にも、当初は個人通報制度を備えていなかった条約も、その後、選択議定書の採択により個人通報制度を導入することが多い。その結果として、現在ではほとんどの人権条約において個人通報制度が用意されている。

もっとも、先に述べたように、個人が個人通報制度を利用できるには、その個人の人権を侵害した締約国が個人通報制度にも同意していなければならない。日本は、人権条約の締約国となっても、いかなる人権条約の個人通報制度にも同意しておらず、この点で人権保障に対して消極的であるとの批判がある。

（2）国連における制度

国連にも人権を保護するための手続が用意されている。冷戦期まで

は，人権問題を扱う経済社会理事会（経社理）と，その補助機関で，政府代表により構成された**国連人権委員会**，さらに同委員会の下部機関である**差別防止・少数者保護委員会（人権小委員会）**がその主要な役割を演じていた。重要な手続としては，いずれも経社理の決議で設定され，その決議番号が手続名となったもので，国連人権委員会が各国の人権侵害状況を公開で審議し，その評価を委員会決議や議長声明で公表する国別手続（**1235手続**）と，被害者からの通報のうち大規模で重大な人権侵害を示す通報を国連人権委員会と小委員会が非公開で審議する手続（**1503手続**）があった。

　冷戦終結後には，人権関連機関の連携強化のために**国連人権高等弁務官事務所**が設置され（1993年），後に設置される人権理事会や人権条約の委員会や機関の会議のための事務局としての機能を果たしている。特に2000年代以降，国連機関における「**人権の主流化**」と機構改革の動きの中で，2006年には，国連人権委員会が**国連人権理事会**に，人権小委員会も**人権理事会諮問委員会**に改組された。この改組は大規模な人権侵害国から国連人権委員会の委員が出ていることの批判に対応するものであり，国連人権理事会では新たな審査手続が設けられた。**普遍的・定期的レビュー（UPR）**という手続がそれで，全ての国連加盟国がおよそ4年ごとに審査の対象となり，特に人権理事会の構成国はその任期中に必ず審査を受けなければならないとされている。それまでの国連人権委員会の構成メンバーは加盟国の政府代表であって，人権条約の条約機関のような個人資格の委員ではなく，このため，国連人権委員会では審議対象国が政治的な判断で決定されるとの批判があり，人権問題が容易に政治的な争点となりやすかった。改組後の国連人権理事会も政府代表で構成されることでは同じであり，そこでの議論が政治化しやすい危険は残っているが，少なくとも全ての国連加盟国が審査対象となるという点で

は，国連人権委員会の時代よりは改善されているといえる。なお，日本はこれまで4回のUPRを受けており（2008年，2012年，2017年，2023年），4回目の審査では，死刑制度の廃止のほか，国内人権機関の設立，個人通報制度等の選択議定書の批准，包括的差別禁止法の制定，ジェンダー平等，少数者の権利，女性や子どもに対する性的搾取，外国人労働者や技能実習生に対する十分な保護と支援，受刑者の処遇などの問題について指摘があり勧告が行われている。

（3）国内における人権の履行確保

これまで国際的なレベルでの人権保障制度を説明してきたが，人権の保障は，各国の国内法を通じた国内的実施が基本である。国際法の役割は，国家による人権保障に関する国際法上の義務を明らかにし，その国内における実施を監視する制度を用意するということにある。

もっとも，国際法が国家に課す義務は，特定の結果を国家に求める内容であることが多く（結果の義務），人権条約が国家に課す義務も同様の性質を有することが多い。したがって，その場合，人権条約により認められた個人のそれぞれの人権を具体的にどのように確保するかについては，国家の裁量に委ねられることになる。人権条約が締約国の国内において国内的効力を有していても，その条約上の義務を具体的に実施するに際しては国内法が必要であったり，すでに存在する国内法を改廃しなければ人権条約上の義務を実施できないとすれば，その締約国は人権条約に関係する国内法の制定や改廃が求められる。逆に，既存の国内法で条約上の義務の実施は十分可能と締約国が考えるのであれば，特段の追加的な立法措置は行われない。

他方で，個人の立場からすると，その条約上の権利の実現を国家がどのように具体的に確保するのかを見極める必要がある。人権を侵害され

たと主張する場合でも，いきなり条約上の国際的な履行確保措置に訴えるのではなく，まずは侵害を受けたとされる締約国国内の救済手段を全て尽くすことが求められるのはそのためである（いわゆる国内的救済手段完了原則。例えば自由権規約第一選択議定書2条参照）。

　個人が人権侵害の救済を締約国の国内機関に求める場合，具体的な人権侵害の多くが行政機関によって行われることを考えると，最終的には国内裁判所を利用することになる。ここでは，人権条約が国内裁判所によって適用され得るか（条約の直接適用可能性の問題），それとも国内法の関連規定を解釈・適用する際に参照される基準とされるのかといった問題が生じる（⇒第4章）。さらに，こうした人権を救済する機関でもある国内裁判所は人権条約が適用対象となる締約国の国家機関でもあり，国内裁判所自体も人権義務を遵守する立場にある以上，個人の人権の保障と侵害された権利の救済という人権条約の趣旨・目的の実現を果たすうえで国内裁判所の役割は非常に大きい。

学習課題

1. 人権条約においても，各国の国内法においても，人権に関する規定が置かれている。人権条約をいくつか取り上げて日本国憲法と比較し，いずれにおいても保障されている人権と，どちらかでしか保障されていない人権にはそれぞれどのようなものがあるかを調べてみよう。
2. 人権一般を規定する社会権規約や自由権規約以外に，個別分野の人権条約がつくられるのは，なぜであろうか。

参考文献

阿部浩己『国際法の人権化』（信山社，2014年）
小畑郁ほか（編）『新国際人権法講座　第1巻～第5巻，第7巻』（信山社，2023年，2024年）
坂元茂樹『人権条約の解釈と適用』（信山社，2017年）
申惠丰『国際人権法〔第2版〕』（信山社，2016年）
芹田健太郎『国際人権法』（信山社，2018年）
芹田健太郎ほか（編）『講座国際人権法　1～4』（信山社，2006年，2011年）

11 | 経済活動と環境保護に関する法

《学習のポイント》 国際法は，国際経済活動を規律する規則と制度を用意し，特に貿易分野では世界貿易機関（WTO）を中心とした制度を，投資分野では投資協定や仲裁判断を通じて投資法規則を，それぞれ発展させている。また，地球規模の環境保護については，条約を中心とした国際法規則と新たな原則も展開しており，ここではこうした法制度を順次概観する。
《キーワード》 WTO，FTA，最恵国待遇，内国民待遇，公正衡平待遇，予防原則，持続可能な開発，世代間衡平，共通だが差異ある責任

1. 国際経済活動に対する法的規律

（1）国際経済法の内容と目的

　国境を越えた，営利を目的とする産品・資本・技術・サービス・人の移動である国際経済活動に対しては，様々な形で法的な規律が行われている。国際レベルでは，通商航海条約のような二国間条約や，自由貿易協定のような多数国間条約，さらには国際レジームを創設する世界貿易機関（WTO）の協定など，国家間の合意による法的規律が中心である。

　国際経済活動においては，政府による外国投資（ソヴリン・ウェルス・ファンド）のような例外はあるものの，その担い手が主として個人や企業などの私人であることがその特徴の一つである。そうした特徴を反映して，国際経済活動を規律する法的規制には，国家や国際組織が公益実現の目的で規律する公法的性格を有する規制と，国際経済活動の取

引主体間の権利義務関係を規律する私法的性格を有する規制（国際取引法）とが存在する。前者は条約などの国際法による規制（狭義の国際経済法）と国内法による規制（外国産品や外国人投資の輸入条件の定立など）であり，その他，後者に該当する取引主体間での商慣習ルールなども含め，その総体を広い意味での国際経済法と見ることができる。

　国際経済法は，グローバルな資源配分の最適化や費用の最小化と利潤の最大化のために国際経済活動の自由化を求めつつ，経済的合理性や消費者保護を目指して公正な競争条件を確保することを目的とする。しかし，こうした経済原理を中心としながらも，他方で，国家間の経済格差や環境保護，人権保障，さらには文化的多様性などに配慮して，そうした原理を一定程度修正する内容を含むようにもなっている。

　国際経済活動の形態から見て，国際経済法は，物品やサービスの取引を規律する国際貿易法，国境を越える投資活動を規律する国際投資法，各国の通貨の価値を国際的に安定させて為替相場制度の促進を図る国際通貨・金融法に分けることができるが，ここでは特に国際貿易法と国際投資法を説明する。

（2）国際経済法の形成と発展

　20世紀初めまでの国際経済活動は，古典的自由主義に基づき自由貿易による富の蓄積を求めて展開し，これを二国間通商条約が規律するという形をとっていた。こうした条約には，通商において自国民と外国人を区別せずに平等に待遇するという**内国民待遇**と，最も良い待遇を与えられている他の国家と同じ待遇を条約の相手国にも与えるという**最恵国待遇**に関する条項が盛り込まれて，実質的に多数国間の通商関係を規律するネットワークが構築されてきた。

　第二次世界大戦により大打撃を受けた国際経済秩序の再建には，自由

市場経済の観点から経済活動を国際的に管理しつつ自由貿易体制の確立を進めることになった。具体的には，すでに戦時中の1944年に米国のブレトン・ウッズに44か国が集まり連合国通貨金融会議が開催され，自由貿易体制を基軸としつつ，貿易，通貨及び金融のそれぞれについて国際協力の枠組みを構築することが合意された。このうち通貨・金融分野では，通貨の安定と為替自由化のための短期的な資金供与を行う機関として**国際通貨基金（IMF）**が，戦後の復興と開発のために長期的な資金供与を行う機関として**国際復興開発銀行（世界銀行，IBRD）**がそれぞれ設立された。

また，貿易分野については，国際協力のための組織として国際貿易機関（ITO）が予定されたが，米国が議会の反対でITO憲章を批准できず，他の諸国の批准もわずかな数にとどまったため，ITOは未成立に終わった。そこで，関税引下げ交渉とその成果に必要な規則をITO憲章から取り出して，ITO憲章発効までの間，暫定的に適用させるため1947年に発効していた**関税及び貿易に関する一般協定（GATT）**が，ITO憲章未成立後もそのまま存続することになった。こうして，第二次世界大戦後の国際経済秩序は**ブレトン・ウッズ―GATT体制**として成立したのである。

1960年代になると，植民地から独立した途上国は，先進国との経済格差や経済的不平等の是正を主張し，国連総会決議を利用して**新国際経済秩序**の樹立を要求した（新国際経済秩序樹立宣言，国家の経済的権利義務憲章の採択）。非相互主義と一般特恵を掲げた先進国との実質的平等の要求に対して，先進国側も一般特恵を含むGATT改正や途上国向け融資機関（国際金融公社，国際開発協会，アフリカ開発銀行，アジア開発銀行）の設立で一定程度その要求に応じた。しかし，1980年代の世界規模の不況により交易条件の悪化から途上国の債務累積問題が生じたこ

となどから、こうした新国際経済秩序樹立の動きは頓挫した。

　1970年代以降の米国の競争力の相対的な低下や石油ショックから、変動相場制への移行や先進国間での経済摩擦問題が発生した。また、途上国の開発問題についても、世界銀行が「人間の基本的最低限度のニーズ（Basic Human Needs：BHN）」を打ち出し、IMFも融資の際に**政策条件**（コンディショナリティ）をつけて、途上国の経済政策に関与してきたが、冷戦終結後は、新自由主義の影響の拡大と市場経済の重視から、途上国への特恵待遇を制約して国内政策に関与するようになっている。

2. 国際貿易と法

（1）WTOの成立と組織

　GATTの下で関税引下げ一括交渉（ラウンド）が数次にわたり行われ、1986年に始まったウルグアイ・ラウンドでは、物品貿易だけでなく、サービス貿易、知的財産の保護、植物検疫などの問題が扱われるとともに、紛争解決手続を強化して、これら問題を扱う**世界貿易機関（WTO）**の設立が1994年に合意された。2024年10月現在、WTOには、主要先進国や途上国だけでなく、ロシア・東欧諸国や中国を含む166の国家・地域が加盟しており、結果としてWTOは国際貿易を規律する主要な地位を占めている。

　WTOは、その設立協定（マラケシュ協定）のほか、四つの附属書を擁しており、これらを総称してWTO協定という。附属書１Aは物品貿易を対象とした13の協定からなり（2022年に採択された漁業補助金協定を加えると14）、その中には1947年に発効したGATTもあらためて「1994年のGATT」として組み込まれている。WTO協定は、GATTと異なり、物品貿易以外も規律対象としており、附属書１Bはサービス貿易

に関する一般協定（GATS），附属書１Ｃは知的所有権の貿易関連の側面に関する協定（TRIPS 協定）となっている。附属書２は WTO における紛争解決手続を定めた紛争解決了解（DSU），附属書３は貿易政策検討制度を定めた文書であり，WTO 加盟国は以上の文書全てに拘束される。他方，附属書４は複数国間貿易協定と称され，WTO 加盟国は任意に参加できる協定を含んでおり，2024年10月現在では，民間航空機貿易協定及び政府調達協定の二つである。

　WTO の任務は，加盟国間の交渉の場の提供や WTO 協定の実施・運用の監視のほか，加盟国間の紛争解決などであり，これらを遂行するため，最高機関である閣僚会議，日常的な運営を担う一般理事会及びその下の物品貿易・サービス貿易・貿易関連知的所有権の各理事会，紛争解決機関（DSB）及び貿易政策検討機関，そしてこれらを支える事務局といった組織が整備されている。意思決定はコンセンサス方式を原則としつつ，一部で四分の三の多数決方式が採用されている。

（２）WTO における原則と紛争解決手続

　WTO 協定における原則は，市場へのアクセスにかかわるもので，差別待遇の廃止と貿易障壁（貿易を制限する効果を有する措置・状態）の軽減に分かれる。前者は**最恵国待遇**（輸入品に対して他の輸入品より不利でない待遇を与えること）と**内国民待遇**（輸入品に対して同種の国産品より不利でない待遇を与えること）である。GATT ではそれぞれ１条と３条で規定されている。後者の原則には関税の引下げと非関税障壁の撤廃がある。GATT/WTO では関税は禁止されておらず，各国が関税の上限を約束し（**関税譲許**という），これを段階的に引き下げていくことが求められている（２条）。非関税障壁について，GATT では数量制限と輸出入の割当・許可は明示に禁止され（11条），それ以外の商品規格

などの非関税障壁も関連の国際規格に従うことが求められている（貿易の技術的障害に関する協定2条5項）。

こうした原則の適用に対して、WTO協定は例外規定も設けて同協定上の義務からの逸脱を認めている。物品貿易であれば、**ダンピング防止税及び相殺関税**（GATT6条）、**セーフガード（緊急輸入制限）**（同19条）、**一般的例外**（同20条）、**安全保障例外**（同21条）が、その例である。さらに、WTO設立協定では、その9条3項により、例外的な場合に加盟国の四分の三による議決で特定の加盟国についてWTO協定上の義務を免除することを決定することができるものとされている。いわゆる**ウェーバー（義務免除）**である。

また、WTO体制では最恵国待遇の例外として関税同盟と自由貿易地域が認められており（GATT24条）、実際にも多数の自由貿易協定（FTA）（北米自由貿易協定（NAFTA）の後継である米国・メキシコ・カナダ協定（USMCA）など）や経済連携協定（EPA）（環太平洋パートナーシップに関する包括的先進的協定（CPTPP）など）が締結されている。普遍的な自由貿易を志向するWTOと特定の域内での自由化を掲げるFTA/EPAとは利害が対立する可能性もないわけではない。しかし、FTA/EPAは、WTO協定の考え方を前提に認められているのであり、その意味で、WTO協定の内容を含めながら貿易の自由化を進め、さらには新たな要素を追加してWTO体制を補完する存在なのである。

WTO加盟国間で紛争が生じた場合には、WTO協定の関連規定、特にDSUの規定に従って紛争処理が行われる。WTO加盟国は、WTO協定上の利益が無効とされたか、侵害されると（「**無効化又は侵害**」）、他の加盟国に協議を申し入れることが可能となる。それにより加盟国間で解決できない場合には**小委員会（パネル）**の設置を要請することができ、DSBがパネルを設置しないことをコンセンサス方式で決定しない

限り，パネルは設置される（「ネガティブ・コンセンサス」方式）。3名の委員で構成されるパネルは迅速に審理を行って原則として6か月以内に報告書をDSBに提出する。紛争当事国は，パネルの報告書に異議があれば，**上級委員会**への申立も可能である。パネル及び上級委員会の報告書はDSBにおいて「ネガティブ・コンセンサス」方式により採択される。

　WTOの紛争解決手続では，「ネガティブ・コンセンサス」方式でパネルの設置やパネル及び上級委員会の報告書がほぼ自動的に採択されることになり，実質的に義務的管轄権が設定された点で画期的であった。パネルと上級委員会という二審制が取り入れられたのも特徴である。また，対抗措置など紛争を悪化させる一方的な措置がとられやすい経済紛争において，迅速に，しかも法に基づき平和的に紛争を解決する手続が導入された意義は非常に大きい。他方で，最近では迅速に処理されるべき手続が長期間にわたる傾向が強くなり，米国はその是正を求めて上級委員会の委員の任命手続をブロックしたため，現在では上級委員会が機能しなくなっており，紛争解決手続の再建が課題となっている。

3．国際投資と法

（1）外国人財産の保護と国際法

　外国人財産の保護は，国際法上，伝統的に，通商航海条約などの関係国間の条約に基づく領域国による内国民待遇や最恵国待遇の付与のほか，慣習国際法に基づく外国人の待遇の基準違反を理由とした外国人本国による**外交的保護**の行使により確保されてきた。

　領域国がその領域主権に基づき外国人財産を収用（財産権の剥奪など）する場合，慣習国際法上合法であるためには，その収用が公共の利

益のためであること，無差別であること，適当な補償が行われなければならないことという三つの条件を満たす必要がある。特に最後の補償原則については，1938年にハル米国国務長官により「十分，迅速かつ実効的な」補償が求められる（ハル原則）とも主張された。

　20世紀に入ると，社会主義諸国や新興独立国により，国家主権に基づいて，経済体制の変革を理由とした外国人財産の大規模な国有化が行われるようになった。特に第二次世界大戦後に登場した新興独立国は，1970年代に，経済的自立を目指して国連総会決議を中心に天然資源に対する永久的主権や新国際経済秩序の樹立を唱え，道路建設のような公共事業のための個別的な財産の収用の場合と異なり，こうした国有化に上記のような合法性の条件とは異なる基準を設けようとした。これを反映した国連総会決議である国家の経済的権利義務憲章（1974年）には，国有化については国有化国の国内法に従って適当な補償を支払い，紛争については国有化国の国内裁判所においてその国内法により解決することが規定されている。しかし，先進国はハル原則にあるような伝統的な基準を主張してこれに反対した。

　このように，国有化が国際法上有効であるための一般的な基準については，主に投資家の本国となる先進国と投資受入国である途上国の間で対立が続いていたが，実際にはいずれも投資活動を求めるという点で両者の利害が一致して関係国間で投資の保護や自由化・促進に関する協定が締結され，この協定内容に基づき個別に財産の収用問題が処理されることとなっているのが現状である。

（2）投資協定仲裁による投資紛争の解決と国際投資法の発展

　現在では，各国が海外における自国の投資家とその財産を保護するために，二国間投資協定（BIT）や，投資章を含む経済連携協定（EPA）

など二国間・多数国間協定を多数締結しており，その数は2022年末現在で約2,800件以上ともなっている。日本も，エジプト，ベトナム，ペルー，シンガポールなどとの間に約50件にも上る協定を締結している。なお，BIT/EPAは，初期には投資保護が主たる目的であったが，最近では投資の自由化・促進もその目的に加えた内容となっている。

こうした協定には，投資紛争が発生した場合に備えて国際的な仲裁（**投資協定仲裁**）の利用に関する規定（**ISDS条項**）が置かれることが多い。投資家が投資受入国を同国の国内裁判所に訴えると，国内裁判所が投資受入国に有利な国内法を適用して投資家が不利となる可能性があるなど問題が生じることもあるため，投資家が国際的な仲裁に申し立てることができるようにしたのである。仲裁には，国際投資紛争解決センター（ICSID）や国連国際商取引法委員会（UNCITRAL）などの機関が利用されており，仲裁事例は年々増加している。

それぞれのBIT/EPAには，投資や投資家の定義，外国人投資家への対応に関する基準である**内国民待遇**，**最恵国待遇**，**公正衡平待遇**など共通する事項も多く含まれている。したがって，投資協定仲裁の判断は，これらの事項に関する判断を通じて，当該BIT/EPAの規則内容を明らかにするとともに，他のBIT/EPAの解釈・適用にも実際上の影響を与えることになる。こうした個別の投資協定仲裁の判断は，投資紛争を解決するだけでなく，国際投資法の内容を明確にし精緻化することに貢献しているのである。

4．国際環境法の形成と展開

20世紀前半までは環境保護に固有の国際法規則は明確ではなかったものの，越境大気汚染問題を扱った**トレイル熔鉱所事件仲裁裁定**（1941

年）は**領域使用の管理責任**を示し，これが後に国際環境法の一般原則ともなっている。

　1950～60年代には，社会経済活動の飛躍的な拡大に対応して，特定の自然環境や生物資源保護，海洋汚染防止等を目的とした条約が締結された。特に原子力や宇宙の分野ではその活動が「高度に危険な活動」と位置づけられ，加害国の過失の立証が困難なこともあり，関連条約で無過失責任が導入されている。また，国際河川の利用に関して**事前の通報・協議義務**に言及した**ラヌー湖事件仲裁裁定**（1957年）もこの時期の判断である。

　1970年代になると，大気や海洋など地球環境の有限性と国際協力の必要性がさらに明確に認識された。1972年のストックホルム人間環境会議では，人間環境の保全と向上に関する共通の見解として26の原則を含む**ストックホルム人間環境宣言（人間環境宣言）**が採択され，その後の国際環境法や国内法の内容に大きな影響を与えることとなった。また，1980年代には，原発事故や化学工場爆発事故など巨大産業事故による環境損害が生じ，それに対応した条約が締結されたほか（原子力事故早期通報条約と原子力事故援助条約など），大気圏の保全など地球規模の環境問題への対応が求められて関連条約が締結されるとともに（オゾン層保護のためのウィーン条約とモントリオール議定書，バーゼル条約など），現在及び将来世代のための環境保護，さらに環境保護と途上国の開発との両立といった観点から，**持続可能な開発概念**も登場した。

　冷戦が終結した1990年代も，環境と開発の関係や主に先進国と途上国との間で負うべき責任と求める利益をめぐる対立が引き続き議論の対象となった。1992年に開催された国連環境開発会議（地球サミット）では，**環境と開発に関するリオ宣言（リオ宣言）**と**持続可能な開発のための行動計画（アジェンダ21）**が採択され，特にリオ宣言では，持続可能

な開発概念が初めて国連の公式文書で確認されたほか，世代間衡平，共通だが差異ある責任，汚染者負担原則，予防的アプローチに加えて，環境影響評価，緊急時の通報・援助，事前通報・協議に関する原則も盛り込まれ，国際環境法に関する主要な原則がほぼ網羅されている。

5．国際環境法の内容

（1）国際環境法の基本原則

以上のように，リオ宣言は国際環境法に固有の原則を包括的に定めており，特に以下の原則が重要である。

環境損害防止原則は領域使用の管理責任に由来し，この原則によれば，国家は，自国の管轄又は管理の下での活動が他国の環境又は国家の管轄外の地域の環境を害さないことを確保する責任を有する。こうした越境環境損害を防止する一般的義務は，事案ごとに判断される国家の「相当の注意」義務とみなされ，人間環境宣言原則21に明記されたほか，多くの環境条約でも規定されている。

持続可能な開発とは，環境保護と経済発展を統合する概念で，具体的には，天然資源の開発と利用につき将来世代のニーズを満たし，その能力を害しないように現世代が自らのニーズを満たすことを内容とする。

予防原則・予防的アプローチとは，損害や悪影響のおそれがあれば，科学的確実性が十分になくても，環境悪化を未然に防止する措置をとるべきという原則である。この原則の登場には，環境問題の深刻化とこれまでの経験から，科学的に確実となってから環境への脅威に対応しても効果的な措置はとれないという認識が高まったことがその背景にある。

国際環境法における**世代間衡平**とは，現世代が地球上の自然や文化的資源を将来世代のために保全するという考え方で，リオ宣言原則3でも

明記されている。また，**共通だが差異ある責任**は，地球環境保全のための対応については全ての国家が共通の責任を有する一方，その原因への寄与や環境問題の解決のための能力は国家によって異なることから，それぞれの能力に応じて異なる責任を負うことを意味する。地球環境問題の責任は専ら先進国にあると主張する途上国と，その問題の解決には全ての国家が責任を分担しなければならないという先進国の対立を収めるための概念として登場したものである。

(2) 環境条約の特徴

　上記のように，国際環境法に特有の様々な原則が形成されてきているが，国連総会決議や国際会議での宣言（人間環境宣言やリオ宣言など）といった非拘束的文書（ソフト・ロー）により各種規則が明示されてきたとはいえ，いかなる国際環境法上の規則が慣習国際法として成立しているかについては不明確なところが多い。国際環境法上の実体的・手続的規則は，むしろ条約という形式を通じて発展しており，後述のように，個別の分野で各種環境条約が締結されてきた。

　環境条約の特徴としては，その形成過程や条約義務の履行監視に環境保護を求める非政府組織（NGO）など非国家的実体が関与することが多いということがある。また，環境条約自体についても特有の形式がある。環境保護分野では科学的知見が必ずしも明確ではない問題を扱うことから，自然環境の変化と科学技術の進捗状況に応じて具体的な義務に関する決定ができる仕組みと，それを条約締約国が受け入れやすい条約体制が求められたのである。すなわち，一方では，締約国の一般的義務と条約制度を運営する組織を定める枠組条約がまず採択され，その後，条約機関である締約国会議において，具体的義務を定めた議定書・附属書が採択されるというように，枠組条約＋議定書・附属書という二段構

えの構造となっていることが挙げられる（例えば，気候変動枠組条約と京都議定書及びその後のパリ協定）。

　実体的義務に基づく締約国の行動への規律を実効的なものとするために，環境条約では各種の手続的義務が用意されてきた。自国領域内で行われる活動が越境的な環境リスクを伴う場合，影響を受けるおそれのある国家に対して，事前に通報・協議を行うことが求められるほか（**事前通報・事前協議義務**），環境損害が起こる重大かつ急迫した危険が生じた場合には，影響を受けるおそれのある国家に迅速に通報する義務がある（**緊急時の通報義務**）。また，活動開始前に，環境に対してもたらされるおそれのある越境的な影響を評価する**環境影響評価**は，現在では一般国際法上の義務となっている（2010年パルプ工場事件 ICJ 判決）。

　環境条約の履行確保措置として，締約国が自国の国内的措置の実施状況を報告し評価を受ける**国家報告制度**が設けられている。また，環境条約では，いったん発生すると回復し難い損害を引き起こすという環境被害の特徴から，その違反に対する事後的救済よりも違反の発生防止が重要視されるとともに，義務の不履行は，「違反」として責任を追及するのではなく「不遵守」として扱い，技術援助などを通じて遵守を促す**不遵守手続**が定められていることがある。

6．分野別の環境保護

（1）野生動植物種・生態系の保全

　この種の条約としては，20世紀後半になり，**水鳥の生息地として重要な湿地の保全と利用を目的としたラムサール条約**（1971年）が締結されたことが重要である。この条約は，その後国連で採択される世界的な環境条約の祖型でもあった。また，原産地国と消費国間の過度な取引を規

制するために，**絶滅のおそれのある野生動植物の種の国際取引に関するワシントン条約**（1973年）も締結されている。

1992年に採択された**生物多様性条約**は，生物多様性の保全のほか，その持続可能な利用，そして遺伝資源の利用から生じる利益の公正かつ衡平な配分を目的としている。その後，遺伝子組換生物の国境を越える移動による生物多様性への悪影響を防止することを目的とした**カルタヘナ議定書**（2000年），遺伝資源へのアクセスと利益配分に関する国際制度の構築を目的とした**名古屋議定書**（2010年）などが採択されている。

（2）海洋環境の保全

海洋環境の保護・保全について，**国連海洋法条約**はその第12部において，海洋環境の保護・保全の義務（192条），あらゆる汚染源からの汚染を防止・軽減・規制するために必要な措置をとる義務（194条1項），さらに汚染の危険や影響の監視（204条）をそれぞれ設定している。

国際社会が海洋汚染問題そのものに取り組むきっかけとなったのは，トリー・キャニオン号事故（1967年）での油流出による被害であった。国際海事機関（IMO）等において，油濁防止や汚染事故への措置に関する各種条約のほか，特に様々な船舶起因汚染の防止を目的とした**1973年の船舶による汚染の防止のための国際条約（MARPOL条約）**とその修正・追加のための議定書が採択された。これらは，船舶から海への有害物資等の排出による海洋汚染を防止するために船舶の構造や装置等の改善を図ることを目的とした条約である。また，廃棄物を船舶から海洋に故意に処分する海洋投棄については，廃棄物をその毒性などに応じて区別し，廃棄禁止や事前の許可による廃棄などを定めた**廃棄物その他の物の投棄による海洋汚染の防止に関する条約（ロンドン条約）**（1972年）がある。なお，海洋における生物多様性や生態系の保全については，バ

ラスト水管理条約（2004年）などが締結されている。

（3）大気圏の保全

大気圏の保全は地球環境保護の重要な対象であり，これを規律する主要な条約としては**オゾン層保護のためのウィーン条約（ウィーン条約）**（1985年）と**気候変動に関する国際連合枠組条約（気候変動枠組条約）**（1992年）とがある。いずれも一般原則を定めた枠組条約で，具体的な実施を規定する議定書や協定が別に設けられている。

1970年代後半以降，有害紫外線から地球上の生物を保護している成層圏のオゾン層が破壊されているとの認識が高まり，国連環境計画（UNEP）が中心となって作成されたのがウィーン条約である。その後，**オゾン層を破壊する物質に関するモントリオール議定書（モントリオール議定書）**（1987年）が外交会議で採択され，オゾン層破壊物質ごとに生産・消費の削減規制を定めたほか（2条），非締約国との貿易禁止や規制物質の生産・利用に資する技術の非締約国への輸出等の制限を締約国に義務づけ（4条），途上国には特別な事情を考慮して資金供与や技術移転などを実施することとしている（5条・10条）。

1992年に採択された気候変動枠組条約は，温室効果ガスの大気中濃度の安定化を究極的な目的として（2条），各国の能力に従い，共通だが差異ある責任原則などを踏まえ，温室効果ガスの排出抑制の除去等の計画策定といった全ての締約国が負う義務のほかに，気候変動緩和のための政策と措置の実施など，先進締約国のみが負う義務を定めている。

その後，先進締約国に対して温室効果ガスの排出の抑制・削減に関して法的拘束力ある数値目標を定めた**京都議定書**（1997年）が採択され，さらに2015年には同議定書に代わる新たな法的文書として**パリ協定**が採択された。パリ協定は，工業化前と比べて世界の平均気温の上昇を2度

未満に抑えるという共通目標を定め（2条1項），締約国に自国が達成を目指す削減目標の作成とその国内措置の実施を義務づけるとともに（4条2項），全体の進捗状況を指針として5年ごとに自国の削減目標を提出することを求めている（4条9項）。京都議定書が先進締約国に各国の目標の達成を義務づけていたのに対して，パリ協定は結果の達成までは義務づけていない。これは結果の達成の義務づけに消極的な米国，中国，インドなどをパリ協定に参加させることを意図してのことであった。

(4) 有害物質の越境移動

1970年代より先進国において有害廃棄物の発生量が増大し，処分費用の値上がり及び処理能力の限界から先進国が有害廃棄物を途上国に輸出するようになっていた。こうした活動を規制するためUNEPの作業を基礎として1989年に採択されたのが，**有害廃棄物の国境を越える移動及びその処分の規制に関するバーゼル条約**（バーゼル条約）である。

バーゼル条約は，有害廃棄物の越境移動が人の健康や環境を害することがないようにすることを確保する手段として，輸出国による事前通告と輸入国による同意という手続を用意した。こうした事前通告と同意手続を踏まえずに行われた有害廃棄物の越境移動は不法取引とされ，条約締約国にはそうした不法取引を防止し処罰するために必要な国内法令を制定する義務が課されている。

また，国境を越えた有害化学物質の取引対策として**ロッテルダム条約**（1998年）が，さらに，水銀の産出・使用・排出・廃棄など包括的な規制を定めた**水俣条約**（2013年）がそれぞれ採択されている。

学習課題

1. WTO の紛争解決手続が予定通りに機能していない理由は何か。それに対して，WTO 加盟国は，どのような解決策を検討しているのかを調べてみよう。
2. 環境条約は，科学的知見の不明確さに対していかなる方法で対応しているかを考えてみよう。

参考文献

小寺彰（編著）『国際投資協定』（三省堂，2010年）
中川淳司ほか『国際経済法〔第3版〕』（有斐閣，2019年）
西井正弘（編）『地球環境条約』（有斐閣，2005年）
西井正弘・鶴田順（編）『国際環境法講義〔第2版〕』（有信堂，2022年）
日本国際経済法学会（編）『国際経済法講座Ⅰ・Ⅱ』（法律文化社，2012年）
福永有夏『貿易紛争と WTO』（法律文化社，2022年）
松井芳郎『国際環境法の基本原則』（東信堂，2010年）
柳赫秀（編著）『講義　国際経済法』（東信堂，2018年）

12 | 国家の国際責任

《学習のポイント》 国家は,国際法上の義務に違反する行為を行うと,国際法上の責任を問われる。この国家責任は,国内法上の責任法理の影響を受けているが,歴史的経緯や社会構造の相違を反映して独自の特徴を備えるとともに,最近では国際義務の性質の違いに応じた制度の展開も見られる。この点に着目して,国家責任の成立要件や国家責任の追及手段,さらには国家責任の解除方法など,国家責任を規律する国際法規則を解説する。
《キーワード》 国際違法行為,行為の帰属,違法性阻却事由,対抗措置,緊急避難,国際請求,対世的義務,外交的保護,責任の解除

1. 国家責任の概念

(1) 国家責任の歴史と法典化

　ルールを破ればその責任が問われる。国際社会においても,国際法に違反する行為を行えば,行為者がその国際違法行為について国際責任を問われるのは同様である。国家等の国際法主体が国際義務に違反し,または国際義務を履行しないときには国際法上の責任が発生し,一定の法的効果が生じるのである。

　歴史的に国際法が規律してきたのは主として国家間関係であるため,その違反を問われる行為者は専ら国家に限られていた。その後,国際社会が発展するにつれ,そこで活動する行為者が多様なものとなり,国際法主体も国家以外の国際組織や個人などに拡大して,その国際義務違反

への対応に関連しては国際組織の国際責任や個人の国際犯罪といった概念も形成されてきた。国際法では，国家が負う国際法上の責任を**国家責任**と呼ぶ。

　国家責任は，かつては国家領域内で生じた外国人の身体・財産に対する損害の問題が中心であった。19世紀後半から20世紀初頭にかけて外国人の待遇をめぐる問題に関して仲裁判断が集積し，国家責任の発生などに関する規則が明確となって，それに続き，慣習国際法規則を成文化する法典化作業が行われることになったのである。

　第二次世界大戦後に国家責任の法典化作業の中心となったのは，国連総会の補助機関である国際法委員会（ILC）であり，当初は外国人の身体・財産に対する損害に限定した提案が準備されたが，その後，国際違法行為一般に関する国家責任の一般的な規則を法典化する方向に方針を転換した。その結果，2001年にILCが準備した草案が国連総会において「国際違法行為に対する国家の責任に関する条文」（**国家責任条文**）という形で採択された。この文書は，条約ではなく法的拘束力を持たないが，国家の行為，国際義務の在り方，国際義務違反への対応などを詳しく検討した結果として作成されたもので，現代の国家責任法規則に関する重要な認識と知見を提供しており，中には国際裁判の判決等でも引用され，慣習国際法規則として認定されているものもある。

　国家責任条文の重要な特徴の一つは，国際違法行為に関する国家責任の一般原則を法典化するための方策として，一次規則と二次規則の区別を導入したことである。一次規則は国家の実体的な権利義務を規定する国際法規則であるのに対して，二次規則は一次規則の違反が行われたときの結果に関する規則である。したがって，国家責任法は国際義務違反への対応という二次規則に含まれることになることから，国家責任条文では，どのような具体的な行為が国際違法行為となるかという一次規則

の問題は射程の外に置かれ，二次規則だけが法典化の対象となっている。

（2）国家責任の特徴と目的

　国家責任法は，主権国家が条約上の義務や慣習国際法上の義務に違反する行為を行ったときに生じる法関係を規律・調整する。この場合，主権国家は相互に対等な地位にあることから，その限りで国内法における私人間の民事責任に類似する側面があることは否定できない。国際社会では，国内社会と異なり，その社会自体の法益という観念が十分に発達しておらず，当事者間の権利義務関係に関係する不法行為と，社会の法益の侵害に関係する犯罪とが分化していないためである。ILC が1996年に作成した第一読草案では，侵略，植民地支配，奴隷制度，ジェノサイド，アパルトヘイトなどを**国家の国際犯罪**と規定して，通常の国際違法行為の場合とは異なる法的効果を認めていたが（19条），「犯罪」という用語により国家に刑事責任を負わせることになるのではないかという懸念が生じたため，その関連規定が最終的には削除された。

　国家責任法は，伝統的には，国際義務に違反する行為を行った国家（違法行為国）と，その国際違法行為により被害を受けた国家（被害国）との間の法関係を規律する。すなわち，違法行為国となる国が被害国となる国に対して負っていた義務の違反である国際違法行為の法的帰結として，侵害された被害国の権利を救済する義務が違法行為国に生じ，この救済を求める権利が被害国に生じることになる。ただし，後述するように，現代国際法では，侵略の禁止やジェノサイドの禁止のように，国際社会の一般利益に関係する義務も発展しており，こうした性質を有する義務の登場が国家責任法に及ぼす影響も無視できない。実際にも，国家責任条文では，先に述べたように国家の国際犯罪概念とその関

連規定が削除されたが，その代わりに，一般国際法の強行規範に基づく義務の重大な違反が規定され（40条・41条），国際義務の展開に応じた国家責任法制度の構築が目指されている。

　国家責任はもともと外国人の身体・財産の損害問題に関係して発展した制度であることから，その目的は国際違法行為によって直接被害を被った国家の法益の回復とされ，賠償が国家責任の本質的な要素とされてきた。もっとも，国家責任法にはそうした損害の補填にとどまらず，国際違法行為により侵害された法関係を正常なものに回復するという合法性の回復機能もあるという見解もある。実際，国家責任条文はこれら二つの目的を取り入れた内容となっている。

　国家責任法は，上記の目的に照らして，国家責任の発生，国家責任の追及，国家責任の解除という三つの段階に整理できる。この章では，国家責任条文の内容に照らしてこれらの段階を説明していく。

（3）責任発生の根拠と義務違反の関係

　国家責任条文が損害の補填だけでなく合法性の回復も国家責任の目的として取り入れたのは，国家責任の発生根拠をどのように考えるかということに関係する。国家責任の伝統的な考え方では損害の発生を重視する**損害説**が取られるが，国家責任条文は，国家責任の発生には損害の発生は不可欠ではなく，義務違反の存在自体で国家責任が発生するという**義務説**の立場を取った。したがって，国家責任条文では，被害国が損害を受けなくても違法行為国に対して責任を追及することが可能であるほか，違反される義務の内容によっては，その義務違反だけで被害国以外の国家も違法行為国の責任を追及することが可能となる。

　伝統的な国際法での国際義務は，領域国が外国人の待遇に関してその国籍国に対して負う義務のように，国家が特定の他の国家に対して負う

義務であり，現代の国際法規則の多くもそうした性格の義務を定めている。ところが，現代国際法では，国際社会の一般利益を保護することを目的として，侵略の禁止やジェノサイドの禁止のように，国際社会全体に対する普遍的な義務である**対世的義務（obligation *erga omnes*）**も存在することが認められており（1970年バルセロナ・トラクション事件ICJ第二段階判決），この義務が国家責任条文でも導入された（48条1項(b)）。さらに，拷問等禁止条約やジェノサイド条約など条約締約国全体の利益が認められる特定の条約では，条約締約国の間において対世的義務，すなわち**条約締約国間対世的義務（obligation *erga omnes partes*）**の性質を有する条約義務も見られる。

したがって，現代国際法では，その違反で損害が発生するのは特定の国家に限定される義務だけでなく，その違反が特定の国家への損害に加えて国際社会の一般利益を侵害する対世的義務も存在し，一つの事件にこれらの義務の双方が関係することも生じ得る。例えばA国がB国を侵略した場合，A国は，B国との関係で国際違法行為を行ってB国に損害を与えると同時に，侵略の禁止という国際社会全体に対する義務に違反することで，全ての国家に対する対世的義務違反に問われることになるのである。

2. 国家責任の発生

(1) 国際違法行為の成立

国家責任の発生は，国際違法行為が存在することと，その行為が責任を問われる国家に帰属することという2点を要件とする（2条）。

このうち国際違法行為は国際義務の違反で成立し，その場合，条約違反か慣習国際法違反かで違いはない（12条）。また，自国の国内法を援

用して国際義務の遵守を回避することはできない（32条）。重要なのは，国際法上の国家責任において，国家の行為が違法かどうかを判断する基準は国際法であって，国内法上適法かどうかは無関係ということである（3条）。

国家責任では，その発生に国家の故意・過失が必要かという点がこれまで議論の一つとなってきた。故意・過失を必要とする立場を**過失責任主義**というが，国家責任条文は，故意・過失が問題となるのは「相当の注意」の欠如として行為が違法かどうかを判断する際であって，これは一次規則により規律される事項であり，国家責任の発生の独自の要件とはならないという**客観責任主義**の立場に立っている。

なお，国際法上違法ではない行為が行われた結果として責任が問われる場合もある。これは，宇宙活動や原子力活動など，国際法上禁止されてはいないが高度な危険を内包した活動については，そうした活動を行うことで損害が発生した場合に，その活動を行った国家や許可した国家に責任を負わせるという**危険責任**という制度である。いずれも個別の条約制度で規定されるにとどまり，国際違法行為の存在を前提とする一般国際法上の国家責任とは区別されなければならない。

(2) 行為の国家への帰属

国家責任を発生させる行為は，国家の行為でなければならない。私人の行為それ自体が国家責任を生じさせることはないのである。ただ，抽象的な実体である国家の行為は，具体的には国家機関の地位にあるもの，またはそれに類する地位にあるものの行為を通じて実現する。このため，いかなるものの行為が国家の行為とみなされるのかという行為の国家への帰属が問題となる。この帰属関係を決めるのは，国内法ではなく国際法である。この点で国家責任条文は，国家機関の行為のほか，私

人の行為が国家に帰属する場合を列挙する。

　国家機関の行為は，国際法上その国家の行為となる（4条）。国家機関であれば，立法・司法・行政いずれの機関でもよく，また上級・下級いずれの機関の行為も国家の行為となる。したがって，国際法上の義務を履行するために必要な立法措置を行わない立法機関の不作為，外国人であることを理由に不当な判決を下すような司法機関の裁判拒否，外国人を恣意的に追放する行政機関の行為などは，いずれも国際法上国家の行為である。ただし，国家機関の地位にあるものが私人の資格で行った行為は，その国家には帰属しない。

　国家機関ではないが，その統治機能の一部を付与されたものの行為も国家の行為とみなされる（5条）。また，国家機関の地位にあるものが統治権能の一部を行使する資格で行為を行った場合，それが権限を踰越した行為であっても国際法上国家の行為とみなされる（7条）。

　国家機関ではないが，事実上国家の指示に基づき行動するものの行為も国家に帰属する（8条）。この場合，どの程度この行為に国家が関与していればその行為が国家の行為となるかについては，国家による**実効的支配**が必要とする立場（1986年ニカラグア軍事活動事件ICJ本案判決）と，それよりも緩やかな**全般的支配**でよいとする立場（1999年タジッチ事件ICTY上訴裁判部本案判決）が対立しているが，後者は武力紛争が国際的な性格を有するかどうかという文脈で検討された基準であることには注意を要する。

　正規の国家機関が機能を停止している場合に，私人が統治権能を事実上行使すると国家の行為とみなされる（9条）。内戦や革命における反乱団体の行為は国家の行為とみなされないが，反乱団体が勝利して新政府になった場合には内戦・革命時の行為が遡及して新政府の行為，すなわち，その新政府が代表する国家の行為となる（10条）。国家が私人の

行為を事前・事後または継続中に自らの行為と認めた場合にも国家の行為とみなされる（11条）。

3. 違法性阻却事由

(1) 違法性阻却事由の意義と効果

　国家責任の発生は，国際違法行為の存在を前提とするが，一定の状況では問題の行為の違法性が阻却されることがある。こうした状況に該当する事由を**違法性阻却事由**という。違法性の阻却が主張される場合，その事由に該当することを証明する責任は違法性阻却事由を援用する側にある。違法性阻却事由は，国家責任条文20条から25条に六つ列挙されており，相手国の行為に依拠する場合と客観的な状況に依存する場合の二つに大きく分けられる。なお，強行規範違反の場合には違法性阻却は認められない（26条）。また，違法性の阻却が認められても，それを正当化する事由が失われた後は問題となる国際義務を遵守しなければならず，国際違法行為の結果生じた物質的損害については金銭賠償を行わなければならない（27条）。

(2) 相手国の行為に基づく違法性阻却事由

　相手国の**同意**が得られた場合には行為の違法性は阻却される（20条）。この同意は被害を受ける国家の有効かつ明示的なものでなければならず，同意の推定は認められない。

　国際法に合致する**自衛**は違法性が阻却される（21条）。そのためには，武力攻撃の発生など自衛権行使の要件を満たさなければならない。（⇒第14章）

　相手国の条約違反に対する当該条約の終了や運用停止のように，相手

国の国際違法行為に対する**対抗措置**も違法性阻却事由となる（22条）。対抗措置自体は国際違法行為であるという点で，非友好的な行為ではあるが国際法上合法である**報復**とは区別される。

対抗措置と類似の行為としては**復仇**があり，そこでは軍事的な措置も含まれていたが（**武力復仇**），現在では武力行使禁止原則の確立により軍事的な措置は認められない。対抗措置が認められるには，相手国の国際違法行為が先に存在し，それに対し中止を要求したうえで（52条1項），その対抗措置が相手国の先行違法行為による被害との間で均衡がとられていなければならない（51条）。相手国が武力攻撃に至らない武力を行使する場合には，自衛行為を行うことができないため，代わって「均衡のとれた対抗措置」がとられる（1986年ニカラグア軍事活動事件ICJ本案判決）。しかし，非軍事的な手段である「均衡のとれた対抗措置」により相手国の武力行使に対応できるかどうかについては懐疑的な見解もある。

対抗措置は，相手国に義務の履行を促し，その目的を達成するまでの暫定的な措置である一方（49条），国際違法行為の中止を求めて紛争処理プロセスの活用を図るものでもある。また，現代国際法における国際義務の展開と関連して，対世的義務に違反した違法行為国に対して被害国以外の国家が対抗措置を課し得ると主張されることもあるが（例えばロシアによるウクライナへの侵略に対する欧米諸国の対ロシア経済制裁の正当化），この**第三者対抗措置**が国際法上確立しているとまでいえるかどうかはなお議論の余地がある。

（3）客観的状況に基づく違法性阻却事由

予見し得ない事情で国際義務の遵守が不可能になることを**不可抗力**といい，意図的ではない国家の国際違法行為を正当化する（23条）。地震

や洪水など自然現象のほか，戦争や内戦など人為的な事態も含まれる。

国際義務に違反しない手段では生命の危機が生じることから国際違法行為を行うことを**遭難**といい，当該行為の違法性が阻却される（24条）。人命を救うためにやむを得ず国境を侵犯して他国領域内で救助活動を行うような場合が該当する。

国家が重大かつ切迫した危険から自国の存立など重大な利益を保護するためにあえて国際義務に違反する行動をとることを**緊急避難**という（25条）。その行動が唯一の手段であり，相手国や国際社会全体の根本的利益を大きく損なうものであってはならない。先行違法行為がない点で自衛や対抗措置と異なり，義務違反を認識していることで不可抗力とも異なる。緊急避難に対しては，重大かつ切迫した危険や重大な利益などの評価が国家の主観的判断によることになって濫用のおそれが大きいため，これを違法性阻却事由を認めることに対する反対論も根強い。ICJは，当時のILC草案で使用されていて，後に緊急避難（necessity）という現行の用語に修正された緊急状態（state of necessity）を援用して，これが慣習国際法上違法性阻却事由の一つであるとしたが，その事例では発動要件を満たしていないとして緊急状態は認められなかった（1997年ガブチコボ・ナジマロシュ計画事件判決）。また，これまでの国際判例でも投資協定仲裁の判断の一部で例外的に認められるにとどまっている。

4．国家責任の追及

（1）国際請求

国際義務の違反により国家責任が発生し，その違法性も阻却されないのであれば，当該義務違反の相手方が違法行為国に対して責任を追及す

ることができる。多くの義務違反の場合，責任追及国は被害国であるが，対世的義務違反の場合には被害国以外の国家も責任を追及する資格を有する。

　こうした国家責任の追及は，**国際請求**という形で行われる。国際請求の具体的な手段には，違法行為国に対する抗議とその後の交渉，国際組織を含む非裁判手続の利用，裁判手続への付託などがある。特に外国人の身体・財産に対する損害についてよく用いられてきたのが，後述する外交的保護権の行使である。

　国家責任条文では，国家責任の発生と同様，国家責任の追及でも損害の存在を要件としていない。したがって，国際社会の一般利益を侵害するような国際違法行為の場合には，対世的義務違反であることを理由として，その行為の直接の被害国だけでなく，全ての国家が違法行為国の責任を追及することができる。

　もっとも，国際請求の具体的手段によっては，損害を伴う個別利益の侵害を受けた国家にその手段に訴える資格が限定されることもある。例えば国際裁判に紛争を付託する資格を有する国家は，原則として直接の被害を受けた国家のみとされてきた。こうした裁判手続との関係では，義務説よりも損害説が適合的と考えられてきたのである。しかし，最近では，一定の条約について，条約締約国間対世的義務の違反を理由として，その条約の裁判条項に基づき，被害国ではない当該条約の締約国が提訴しその当事者適格が認められる判例も出てきていることが注目される（2012年訴追か引渡しかの義務問題事件（ベルギー対セネガル）ICJ判決，2022年ジェノサイド条約適用事件（ガンビア対ミャンマー）ICJ先決的抗弁判決）。

（2）外交的保護

　外交的保護は，国際請求の手段の一つで，外国人が在留国で被害を受けてその在留国の国内手続により適当な権利救済を得ることができない場合に，当該外国人の国籍国が自国民のために在留国の国家責任を追及することをいう。したがって外交的保護権は，在外自国民の待遇に関する国際法規則を在留国に尊重させる国家の権利であって，国籍国に保護を求める個人の権利ではない。外国人が被害を受けたときには在留国内における当該外国人と在留国との間の関係にとどまるが，国籍国が外交的保護権を発動することにより，国籍国と在留国との間の国家間の関係へと切り替わるのである。

　国家が外交的保護権を行使するには二つの要件を満たす必要がある。第一に，被害者が，被害を受けた時点から国籍国が国際請求を行うまでの期間，その国の国籍を継続して有していなければならない。これを**国籍継続の原則**という。被害者と国家のつながりを確認するとともに，被害者が大国の国籍を取得する結果としてその大国が介入することを防止することもこの原則の目的である。

　第二に，外交的保護権が行使される前に，被害者が在留国の国内法上利用可能なあらゆる救済手段を尽くしていなければならない。これを**国内的救済手段完了原則**という。これは，在留国の領域主権を尊重しつつ，事実認定等は在留国の当局が最も容易に行い得るという実際上の考慮を重視することのほか，外国人自身の被害が外交的保護を通じて容易に国家間紛争に転化しないようにするということを目的としている。ただし，在留国がこの要件を満たすよう求めることを放棄したり，在留国の国家機関では権利の救済が不可能なことが当初から明らかである場合などは，この原則は適用されない。

　外交的保護権の行使は国家の権利であり，侵害された権利も国家の権

利とされるが，他方で，外交的保護によって実質的に保護されるのは自国民の権利や利益であることも確かである。このため，各種人権条約で定められた個人の人権の侵害について，自国民が被害者の場合に国家が外交的保護という形で相手国を国際裁判に訴えて自国民の人権侵害に対する救済を図ることができる場合もある（ディアロ事件など）。このように，外交的保護が人権保護に貢献する側面もあることには留意すべきである。外交的保護は，国家の義務ではないものの，ILC での作業を経て2007年に国連総会で採択された外交的保護に関する条文では，外交的保護を行使する権利を国家の権利とする一方（2条），重大な侵害が発生した場合に国家は外交的保護の行使に妥当な考慮を払うことが推奨されている（19条）。

5. 国家責任の解除

（1）基本原則

　国家責任が発生した結果として，違法行為国は被害国に対して広い意味での**賠償**（reparation）を行う義務を負う。この賠償義務を履行することを**国家責任の解除**という。国際違法行為で生じた侵害状況をもとの状況に戻すこと（原状回復）を原則として，それが不可能な場合には金銭賠償（compensation）や，それ以外の方法が用いられる。

　なお，国家責任条文は，責任の解除とは別に，違法行為により影響を受けた法的関係の修復を目的として，違法行為国による違法行為の中止と再発防止の保証を定めている（30条）。

（2）解除の方法

　国家責任の解除方法は，原則として**原状回復**であり（1928年ホルジョ

ウ工場事件 PCIJ 本案判決），違法行為国は，国際違法行為が発生しなければ将来存在したであろう状態に戻さなければならない（35条）。原状回復には法的な原状回復（国際法違反の国内法の改廃など）と物的原状回復（違法に破壊した物品の復旧など）がある。原状回復が物理的に不可能な場合や，可能であっても原状回復による利益と著しく均衡を欠くような負担を違法行為国に課す場合には，金銭賠償など別の賠償方法が取られる。

　たいていの場合に取られる国家責任の解除方法が**金銭賠償**である。これは，国際違法行為から生じた損害を金銭で評価してその金額を支払う方法である。領空侵犯などの物理的な損害の発生しない非物質的な法的侵害でも，衡平な考慮の下で金銭賠償が命じられることはある（2012年ディアロ事件 ICJ 賠償判決）が，実際には金銭賠償以外の方法が用いられることが多い。他方で，いわゆる懲罰的金銭賠償が認められた例はない。

　原状回復と金銭賠償以外の全ての措置が**サティスファクション（満足）**と呼ばれる賠償形式である。国家の名誉や威厳に対する侵害など，主として非物質的損害を賠償する形式であり，具体的な形態としてよく用いられるのは，陳謝（書面や口頭での遺憾の意の表明を含む）や違法行為の存在確認である。実際の処理では複数の賠償形式が併用されることがほとんどで，中でもサティスファクションとそれ以外の賠償形式とが併用されることが多い。

学習課題

1. 国際社会において対世的義務が登場したことにより，国家責任制度に生じた影響を，国家責任の発生・追及・解除の各段階について考えてみよう。
2. 私人の行為により国家が責任を負う場合には，どのような状況があるか。また，その場合に私人の行為により国家が責任を負わなければならないのはなぜなのか。

参考文献

安藤仁介『実証の国際法学』（信山社，2018年）
大森正仁『国際責任の履行における賠償の研究』（慶應義塾大学出版会，2018年）
萬歳寛之『国際違法行為責任の研究』（成文堂，2015年）
山田卓平『国際法における緊急避難』（有斐閣，2014年）
山本草二『国際法における危険責任主義』（東京大学出版会，1982年）
山本草二『国際行政法の存立基盤』（有斐閣，2016年）

13 | 国際紛争の平和的処理

《学習のポイント》 現在の国際社会では，武力行使が禁止されていることから，個々の国家は紛争を平和的手段によって解決しなければならない。ここでは，その紛争解決手段を取り上げて解説した後，国際司法裁判所の制度と手続を概観する。
《キーワード》 紛争の平和的解決義務，交渉，周旋，仲介，審査，調停，仲裁，司法的解決，国際司法裁判所

1. 国際社会における紛争とその解決の意義

（1）国際社会における紛争とは何か

　社会において構成員が自分の利益を追求すると他の構成員との利害対立が引き起こされ，結果として紛争が生じやすくなる。国際社会にも同様のことがいえるのであり，その場合には一定のルールに従って紛争を解決することの方が，力による解決よりも，費用がかからず名声も保たれ，紛争当事者間の合意に基づく長期間にわたる平穏を得られやすいということからも合理的であるといえる。

　もっとも，いかなるルールが適用されるかについては，紛争の主題のほか，当事者となる国際社会の構成員にも注目しなければならない。渉外取引の場合，私企業間で契約違反をめぐる紛争が生じれば当該契約が指定する国の国内法に従って解決されるであろう。また，外国人投資家と投資受入国との間の投資契約をめぐる紛争であれば，当該投資契約や

投資家の本国と投資受入国の双方に適用される投資協定・経済連携協定などが紛争解決のためのルールとなる。国際法は，伝統的に国家間関係を規律していることもあり，国家間紛争を解決するためのルールを提供してきた。以下では，国家間紛争に限定してその平和的解決の問題を検討する。

（2）武力行使の禁止と紛争の平和的解決義務

20世紀初頭まで紛争を解決するための最終的な手段として軍事力を行使し戦争に訴えることは否定されておらず，国際法は国家に紛争を平和的に解決する義務を課してはいなかった。国際紛争平和的処理条約（1899・1907年改正）では，紛争の平和的解決は努力目標にすぎず，国際連盟規約（1919年）においても最後の手段として戦争に訴える連盟国の権利は否定されていなかったのである。

その後，不戦条約（1928年）で**戦争の違法化**が実定法として定められ，第二次世界大戦を経て国連憲章（1945年）において**武力行使禁止原則**が確立した。そして，こうした武力行使禁止原則と表裏一体のものとして，国家は紛争を武力以外の手段で平和的に解決する義務（紛争の平和的解決義務）を負うことになったのである。また，紛争を平和的に解決する手段は紛争当事国の自由に委ねられた（**紛争解決手段選択の自由**）。これらは国連憲章2条3項と33条で明示されている。

紛争の平和的解決義務は，国際司法裁判所（ICJ）も1986年ニカラグア軍事活動事件本案判決で慣習国際法上の義務として確立していることを確認しており，国際法の基本的な規範として国家間に適用されている。

(3) 国際紛争の性質と解決手段の関係

　国際社会における紛争には，法・政治・経済・文化・宗教など様々な側面がある。このように様々な側面を有するものと紛争を性格づける**混合紛争論**はICJが採用する立場であり，その法的側面こそが司法判断に適するものとされているように，紛争のそれぞれの側面に適した解決手段を利用しながら，紛争全体の解決が求められることが想定されている。国連憲章33条には，こうした国際紛争の各側面の特徴を考慮して，交渉，審査，仲介，調停，仲裁裁判，司法的解決，地域的機関又は地域的取極の利用，その他紛争当事国が選択する平和的手段が掲げられている。

　こうした紛争解決手段は，以下に見るように，裁判手続と非裁判手続に大きく分かれ，その区別基準はそれぞれの手続での最終的な判断が法的に当事国を拘束する（裁判手続）か，拘束しない（非裁判手続）か，ということによる。また，伝統的に，裁判手続に適するのは紛争当事国が国際法上の権利義務関係を争う法律的紛争であり，非裁判手続にはそれ以外の紛争である非法律的紛争が望ましいとされてきた。

2．非裁判手続による紛争の解決

(1) 交渉

　国家間で見解の対立が生じた場合または生じそうな場合には，両国間で**交渉**が行われるのが通常である。紛争解決手段としての交渉とは，紛争が発生すると各紛争当事国の国家機関が外交ルートを通じて相手国の国家機関と連絡を取って話し合いを行うことをいう。各分野で専門化が進んだ現代の国際社会では，紛争が発生したり，そのおそれがあると，各事項を所管する関係省庁間で協議が行われることになる。

交渉は必ずしも他の紛争解決手段の前提条件ではないが，争点の明確化のためにも，まずは紛争当事国間で交渉が行われることが望ましい。交渉は紛争当事国の力関係が反映されやすいが，紛争解決手段の選択でも紛争の最終的な解決でも両当事国の同意が不可欠である以上，紛争解決は交渉で始まり，交渉によって終結することになるのが通常である。

（２）審査・周旋・仲介

二国間での交渉が不調な場合，紛争当事国が当該紛争の解決に向けて当事国以外の第三者の関与を求めることが多い。この第三者の関与の内容や程度に応じて審査・周旋・仲介・調停がある。

審査は，紛争当事国の合意で設置される中立的な機関，特に個人資格の委員からなる委員会が事実問題を調査することをいう。この制度は1899年国際紛争平和的処理条約で設けられたが，これは，紛争の原因には事実に関する当事国間の見解の相違に由来することもあるので，事実認定を個人資格の委員で構成される審査委員会による中立的な判断に委ねることが紛争の解決に資するものと期待されたためである。ただ，ドッガー・バンク事件（1904年）でその有用性が確認され，第二次世界大戦後もレッド・クルセーダー号事件（1961年）で利用されたものの，その後は積極的に活用されてはいない。これは，審査委員会に対して実際には事実認定だけでなく法的評価も求められることが多く，むしろその場合には調停という形式が選択されるためである。

第三者が紛争当事国間の紛争解決のために必要な援助を提供する手段としては**周旋**及び**仲介**がある。これらの手段は第三者の関与の程度によって異なるとされ，紛争当事国に連絡手段や交渉のための施設等の提供のみにとどまるものであれば周旋（日露戦争後のポーツマス講和条約締結（1905年）における米国の活動など），それにとどまらず，当事国間

の交渉に関与してそれぞれの意見を調整し，必要があれば具体的な解決策を提示するようなものが仲介（エジプトとイスラエル間のキャンプ・デービッド合意（1978年）をまとめた米国の活動など）とされる。もっとも，この区別はそれほど明確ではない。なお，仲介での第三者には，特定の主要国の国家元首や国連事務総長等がその政治的権威や国際的地位などを理由に紛争当事国の合意で選ばれることが多い。それは，特にこうした第三者の政治的影響力の行使を背景に解決策が当事国により実施されることが期待されるからであって，この解決策が当事国を法的に拘束するからというわけではない。

（3）調停

　調停は，中立的な機関が事実だけでなく法的な側面も含む紛争のあらゆる側面を検討して，紛争当事国の主張を考慮しつつ具体的解決策を提示することで紛争を友好的に解決する手段である。調停を行うのは個人資格の委員で構成される非政治的・中立的機関であり，政治的影響力を有する第三者が具体的解決策を提示する仲介とは異なる。

　第一次世界大戦以降，事実問題を調査する審査制度を発展させて具体的な解決策の提案を行う制度が二国間条約や多数国間条約に導入されており，第二次世界大戦後も紛争を解決するための条約に規定されたり，その条約の解釈・適用に関する紛争を解決する手段の一つとして同条約に含められることもある。

　提示される解決策の根拠には国際法が用いられることもあるが，そのような提案に紛争当事国は法的に拘束されることはない。これまでの調停の事例がそれほど多くないのは（第二次世界大戦後ではヤンマイエン島周辺の大陸棚問題に関する1981年アイスランド・ノルウェー調停委員会報告と国連海洋法条約の紛争解決手続に基づく東ティモールとオース

トラリアとの間の2018年調停委員会報告)，調停だと紛争解決の結果に法的安定性を求めるには法的拘束力のない提案しかできず，これまでの法制度への不満とその変更の要求から生じる紛争を扱うのであれば，非政治的で中立的な性格を有する調停に頼って法以外の基準で解決策が提示されるよりは，問題の法制度そのものを変革することを含めた手続が好まれるというように，紛争解決についての調停の中途半端な性格が影響していると考えられる。

(4) 国際組織による紛争解決

　歴史上最初の一般的国際組織である国際連盟では，仲裁や司法裁判のほか，連盟理事会の審査手続を通じた紛争当事国の和解が促進された。この手続は当事国の一方の付託で開始される対審形式を取り，和解が成立すれば紛争の事実関係と紛争解決の条件を記載した調書が，和解不成立の場合は紛争の事実関係と適当な勧告案を記載した報告書が公表された。報告書は当事国を法的に拘束するものではないが，当事国以外の全会一致で理事会が採択すると，勧告案を遵守する当事国に相手国は戦争に訴えてはならないこととされた。ただ，全会一致での採択ではない場合は紛争当事国に戦争を行う権利が認められており，紛争を武力で強制的に処理する余地が残されていたという意味で，紛争の平和的解決義務はなお不十分であった。

　第二次世界大戦後の国際連合（国連）においては，武力行使禁止原則の確立とともに紛争の平和的解決義務がより強化され，主として安全保障理事会（安保理）が国連憲章6章に基づき紛争解決手続について重要な権限を有している。安保理は，紛争当事国から紛争が付託されるか，総会や事務総長もしくは紛争当事国以外の国連加盟国から注意喚起を受けるか，または安保理自ら調査を始めることで紛争解決手続を開始す

る。その結果，紛争の継続が平和と安全の維持を危うくするおそれがあると認めるときに，安保理は紛争解決のための手続・方法や解決条件を勧告することになる。

　国連では総会や事務総長も紛争解決の役割を担っている。総会は，一般的権限を有するので，いかなる事項についても加盟国や安保理に勧告を行うことができるが，安保理が同じ問題を扱っている間は討議を行うのみで勧告はできない。事務総長は，事務局という行政機関の長として活動し（97条），国連平和維持活動（PKO）の実施のように，総会や安保理などの機関からの委任を受けて国連行政に関する権限を有する一方（98条），紛争解決のために安保理の注意を促すことが明示的に認められるほか（99条），この規定の解釈により，紛争解決のため政治的・外交的活動を行うことも実行上認められてきた。ニュージーランドとフランスとの間のレインボー・ウォリアー号事件では事務総長が1986年に裁定を下したが，この裁定には法的拘束力が認められていたため，実際には仲裁として機能したという見解が有力である。

　なお，地域的な国際組織も紛争解決のための機関を備えることが多く（アフリカ連合（AU）の平和安全保障理事会，米州機構（OAS）の常設理事会，欧州安全保障協力機構（OSCE）の調停・仲裁裁判所など），国連も地域的機関の加盟国間の紛争については，各機関の手続により紛争を解決することを奨励している（国連憲章8章）。

3. 裁判手続による紛争の解決

(1) 仲裁

　仲裁は，紛争当事国が紛争発生後に**付託合意**を締結して，当事国自身が選んだ仲裁人からなる仲裁裁判所による法的拘束力ある判断で紛争の

解決が図られる裁判手続の一種である。判断の基準（仲裁準則）も紛争当事国が合意で決めることができる。多くは国際法に従って判断が下されるが、特定の国内法や衡平及び善のような国際法以外の基準を当事国が合意で選択することも可能である。

　仲裁裁判所は事件ごとに設置され、判断が下された後はその任務を終える。1899年国際紛争平和的処理条約（1907年改正）で設置された**常設仲裁裁判所（PCA）**は代表的な仲裁裁判所である。「常設」という名称ではあるが、同条約の締約国が選定した裁判官候補者リストがPCA事務局に保管されているだけで、事件ごとに紛争当事者が同リストから裁判官を任命して仲裁裁判所を設置することになる。国家と私人との間の紛争を扱うだけでなく、国家間紛争でも仲裁裁判所が設置されており、また仲裁手続の実施にPCA事務局が重要な役割を担うことが多い。

　仲裁では裁判所の構成や仲裁準則を紛争当事国が合意で決めることができるため、当事国にとって紛争を付託しやすく仲裁判断も受け入れやすくなっている。国家間紛争の仲裁は古くから利用されその判断が公にされており（アラバマ号事件（1872年）；トレイル熔鉱所事件（1938年・1941年）など）、その後も仲裁への付託は頻繁に行われるとともに（「鉄のライン」鉄道事件（2005年）；クロアチア／スロベニア事件（2017年））、その判断理由が国際法に従って詳しく論じられ、同様の事案について先例として参照されて国際法の形成に寄与するものも出てきている（ラヌー湖事件（1957年）；英仏大陸棚境界画定事件（1977年）；米仏航空業務協定事件（1978年））。また、国連海洋法条約の紛争解決手続を利用した仲裁への付託も増えていることも最近の特徴である（ベンガル湾海洋境界画定事件（2012年）；チャゴス海洋保護区事件（2015年）；南シナ海事件（2015年・2016年）；アークティック・サンライズ号事件（2014年・2015年・2017年）；エンリカ・レクシー号事件（2020

年）など）。

（2）司法的解決（司法裁判）

　司法的解決（司法裁判）は，仲裁と同じく，その判決が紛争当事国を法的に拘束することで紛争を解決する手段である。仲裁との違いは，事件の発生ごとに設置される裁判所に紛争を付託するのではなく，紛争発生前に設置されている裁判所に紛争を付託するという点であり，**裁判所の常設性**こそが司法裁判の特徴である。この常設性により，裁判所は様々な事件を扱いながらも一貫した法的な判断が下されることが期待されるとともに，同種の先例での判断が後の事件で参照されて，結果として，海洋境界画定に関するルールのように，**判例法**の形成が可能となる。

　最初の司法裁判所は1907年設置の中米司法裁判所であり，普遍的・一般的な司法裁判所としては1921年にオランダ・ハーグに設立された**常設国際司法裁判所（PCIJ）**が初めてである。PCIJ は国際連盟の機関ではなかったものの，連盟理事会による勧告的意見の要請など制度上の関係が強く，特に第一次世界大戦後のヨーロッパの国際秩序の維持と国際法の発展に貢献した。PCIJ は，その設立条約である PCIJ 規程で定められた**選択条項受諾宣言**の制度を通じて**義務的管轄権**の実質的な導入を図り，第一次世界大戦後の国際社会における法の支配の確立に尽力した。しかし，現行の国際法規則を否定する側からは国際法を適用して紛争を解決することこそが不正義とされ，紛争解決機関としての PCIJ の役割が軽視されるとともに，第二次世界大戦の勃発によりその機能は事実上停止した。

　第二次世界大戦後は，国連の主要な司法機関として**国際司法裁判所（ICJ）**が設立された。その設立文書である ICJ 規程は国連憲章と不可

分とされ，国連加盟国は当然にICJ規程当事国となる一方，国連非加盟国も安保理の勧告に基づき総会の定める条件に従ってICJ規程の当事国になることができる（国連加盟前の日本やスイス）。

現在，国際社会で活動している司法裁判所としては，ICJのほかに，国連海洋法条約の紛争解決機関として**国際海洋法裁判所（ITLOS）**がある。さらに，司法裁判所の特徴を有する機関は，人権法（欧州人権裁判所，米州人権裁判所など），刑事法（国際刑事裁判所など）の分野で見られるほか，地域的統合を目的として（欧州連合（EU）司法裁判所，西アフリカ諸国経済共同体（ECOWAS）司法裁判所など）設立されている。以下では，司法裁判所の代表的機関であるICJの制度を概観する。

4. 国際司法裁判所（ICJ）の制度と手続

(1) 裁判官の構成と裁判準則

国際司法裁判所（ICJ）は，国際社会において全ての国際法上の法律的紛争を扱うことができる唯一の常設的な国際裁判所であり，その判断も国際社会に大きな影響を与える代表的な司法裁判所である。

ICJの裁判官は国籍を異にする15名であり，任期は9年で3年ごとに5名ずつ国連総会と安保理で改選が行われる（ICJ規程3・4・8・10条）。裁判官の構成では，世界の主要な法系が代表されるように留意されているが（9条），実際には地理的配分が重視されるほか（原則として，アジア3，アフリカ3，中南米2，西欧その他5，東欧2），事実上，安保理常任理事国出身の裁判官が選出されてきた。裁判所に付託された事件の訴訟当事国出身の裁判官もその事件では裁判官となることができ（**国籍裁判官**），国籍裁判官がいない紛争当事国は**特別選任裁判官**

を指名することができる（31条）。この国籍裁判官や特別選任裁判官の制度は，仲裁での仲裁人の選出と類似しているが，これが司法裁判でも維持されているのは，これら裁判官が他の裁判官に訴訟当事国の主張を適切に伝えることが期待されることから，そうした当事国が ICJ に紛争を付託することへの信頼を寄せることができることになるためである。

　ICJ は原則として国際法——条約と慣習国際法——を適用して紛争を解決する（38条1項）。そのほか，適用される国際法の不存在を理由として紛争が解決できない（**裁判不能**）という状況を避ける目的から，主要な法系に共通した原則を内容とする法の一般原則も裁判準則となり得る。他方，判決や学説は裁判準則の内容を確定するための補助手段であるが，実際には特に PCIJ と ICJ の判決が先例として後の ICJ の判断に大きな影響を与えている。なお，当事国の合意があれば「衡平及び善」に基づく裁判も可能だが（38条2項），これまでその例はない。

（2）管轄権と受理可能性

　ICJ に紛争を付託できるのは国のみであり（34条1項），この国家間紛争に関する手続を**争訟手続**という。したがって，ICJ は，国が付託する紛争を扱うが，その紛争全てについて判断を下す権限（管轄権）を有するわけではない。ICJ が判断を下すためには，紛争当事国がいずれも ICJ による管轄権の行使について同意することが必要である。

　紛争当事国がその紛争の発生後に管轄権の行使に同意する方式としては，仲裁と同様に，当事国間での付託合意の締結か，一方の当事国が一方的に紛争を付託した後，他方の当事国が ICJ の管轄権を明示・黙示に同意する**応訴管轄**がある。また，紛争が発生する前に管轄権に同意しておく方式もあり，条約の解釈・適用に関する紛争を ICJ に一方的に付託可能とすることができる**裁判条項**がその条約に定められていたり，紛争

当事者となる国家がともにあらかじめICJへの一方的付託を認める**裁判条約**を締結している場合には、これら裁判条項や裁判条約に基づきICJに一方的に付託することができる。

さらに、ICJ規程当事国は、同規程36条2項に定める法律的紛争についていつでもICJの義務的な管轄権を受諾する宣言を行うことができ、この宣言を行った国の間では同一の義務を受諾する範囲内でICJの管轄権が設定されるという**選択条項受諾宣言**制度がある。選択条項を受諾すれば、同様に受諾する他の国を一方的に訴えることは可能になる一方、選択条項を受諾している国から自らも一方的に訴えられるおそれがあるため、受諾宣言を行う国はそれほど多くはなく（2024年10月現在で74か国）、受諾している国も、以下で述べるような形で受諾宣言の適用を制限している。

選択条項受諾宣言の適用を制限する方法には、多数の国または一定の国による受諾宣言を条件にしたり、同宣言の有効期間を定めたりすることのほか（36条3項）、選択条項受諾宣言そのものに留保を付して、ICJの管轄権を一定の時期以降に生じた紛争に限定したり、特定の事項や特定の国との紛争は除外したりすることが行われる。紛争当事国の一方が付した留保は、相互主義の原則から他方の当事国も援用することができる（1957年ノルウェー公債事件判決）。なお、自らの判断で特定の紛争を管轄権から除外するという趣旨の留保は**自動的留保**（**自己判断留保**ともいう）と呼ばれるが、これは義務的管轄権の設定に関する選択条項の趣旨・目的に反するのみならず、管轄権の存否に関するICJの最終的な判断権（36条6項）を侵害するものという批判がある。日本も受諾宣言を行う際に留保を付しており、不意打ち提訴に備えて当該紛争の付託のみを目的として受諾宣言を行った紛争や受諾日から12か月未満に付託された紛争を除外しているほか、2014年の南極海捕鯨事件で敗訴した後

に，海洋生物資源の調査等に関する紛争を除外する旨の留保を追加している。

　こうした裁判管轄権の存在が確認されても，以下のような場合にはICJは提訴国の請求を受理しない。例えば，訴訟の目的が消滅していること（**ムートネス**），国内の手続での救済がまだ完了していないこと（**国内的救済手段完了原則**），訴訟当事国以外の第三国の法的利益が訴訟主題に関係していることなどである。提訴国が問題の事件で法的な権利・利益を持たない場合も訴えの利益や原告適格を欠くため請求は受理されない。しかし，最近では，特定の多数国間条約において締約国間の共通利益が認められる事例もあり，その場合には当該共通利益保護のため条約締約国が他の条約締約国全てに対して負う義務（**条約締約国間対世的義務（obligation *erga omnes partes*）**）の侵害を理由に，原告適格が拡大することになる（ジェノサイド条約適用事件（ガンビア対ミャンマー）におけるガンビア）。なお，ICJは，紛争全体の政治性を理由とした請求の受理不能という主張については，紛争には様々な側面があるという混合紛争論の立場から，その法的側面は司法判断になじむものとしてこの主張を一貫して退けてきた（1979年在テヘラン米国大使館人質事件判決；1984年ニカラグア軍事活動事件管轄権・受理可能性判決）。

　以上の裁判所の管轄権と請求の受理可能性については，被提訴国が本案審理を妨げるために管轄権の不存在や請求の受理不能として抗弁を提起したり（**先決的抗弁**），当事国との協議のうえでICJが本案判断に先行して判断すべき事項とする（**先決的問題**）ことになる。こうした先決的問題や先決的抗弁がICJにより取り上げられた場合には，それまでの手続が停止され，これら先決的問題・先決的抗弁が優先的に審理される（裁判所規則79条〜79条の3）。

(3) 暫定措置，反訴及び第三国の訴訟参加

紛争の主題を審理して最終的な判断を下す手続（**本案手続**）に付随する手続（**付随手続**）としては，前述の管轄権及び受理可能性に関する先決的問題・先決的抗弁のほか，**暫定措置**（仮保全措置ともいう），**反訴**及び**第三国の訴訟参加**が挙げられる。

暫定措置は，ICJ 規程41条にその定めがあり，訴訟当事国の権利が侵害されることで最終判決の意味が失われないように，主に当該権利の保全を目的としてその最終判決前に指示される措置である。ICJ は「事情によって必要と認めるとき」に暫定措置を指示することができるが，判例法理により，その場合には本案管轄権が一見したところ（*prima facie*）存在していることのほか，問題となる権利に回復し難い侵害が生じ得るような緊急性も存在しなければならないことが確立している。また，暫定措置の内容と本案請求とが関連していなければならず，しかも近年の判例では，当事国が主張する権利の存在が少なくとももっともらしいものでなければならないという被保全権利の存在見込みも暫定措置を指示するための要件として加えられている（2009年訴追か引渡しかの義務問題事件（ベルギー対セネガル）暫定措置命令など）。なお，暫定措置命令に法的拘束力があるかどうかについては長らく争いがあったが，2001年ラグラン事件判決で法的拘束力があることが認められた。

反訴は，本訴に関連して被告国が原告国に対して訴えを提起するもので，本訴と併合して審理される。反訴が提起できるのは，それが本訴と同じ管轄権の範囲内に存在し，本訴の主題と直接関連する場合である（裁判所規則80条）。

また，ICJ に付託される国家間紛争は基本的に国家対国家の二辺的な関係だが，問題の事件に訴外第三国の法的権利・利益が関係してこの第三国が当該事件の裁判手続への参加を望むことがある。ICJ 規程はこう

した第三国の訴訟参加について二つの手続を用意している。

　その一つは，ICJ規程62条に基づき，裁判により影響を受ける法的利害関係を有する国が利用できる手続である。この62条参加では，訴訟参加申請国が法的利害関係の存在を証明しなければならない。また，これまでの手続では，訴訟参加国が，当事者としての参加か非当事者としての参加かのいずれかを選択する実行が発展してきた。前者の場合には訴訟当事国と参加申請国との間の管轄権のリンク（裁判条項・条約や選択条項受諾宣言など）が必要であり，ICJの判決は当事者として参加する訴訟参加国に対しても法的拘束力を有する。これに対して後者の場合は，管轄権のリンクは不要で，判決も非当事者である訴訟参加国を法的に拘束しない。

　もう一つの手続はICJ規程63条に基づく訴訟参加で，条約の解釈が裁判で問題となる場合に，訴訟当事国以外の当該条約の締約国が訴訟参加の宣言を行うものである。この場合，特別な利害関係の証明も訴訟当事国との管轄権のリンクも不要である。この63条参加では訴訟参加は問題となる条約の締約国の権利とされているが，自動的に参加できるのではなく，ICJの判断によって参加が認められないこともある。問題の条約に関して判決により与えられる解釈は，訴訟当事国とともに，この手続での訴訟参加国を拘束する。なお，ジェノサイド条約上のジェノサイドの主張に係る事件（ウクライナ対ロシア）では33か国が訴訟参加申請し，ICJは米国を除く32か国の申請を認める命令を2023年に下したが，そのいずれの訴訟参加申請国もウクライナを支持する諸国であった。

（4）判決の効力とその履行

　ICJの手続は，両当事国から書面が提出される書面手続に続き，法廷で両当事国による口頭弁論が行われた後，裁判官の間での評議の結果，

判決が言い渡される。ICJ の判決はその事件についてのみ当事国を法的に拘束し（ICJ 規程59条），上訴は認められず終結する。これは**既判力の原則**と呼ばれ，訴訟終結後の法律関係を安定させるとともに，ICJ の結論に対する反論を再燃させないことを目的とする。ただしその例外として，判決の意義や範囲に争いがある場合に当事国は**解釈請求**を行うことができるほか（60条），判決言渡しから10年以内に決定的な重要性を有する新事実が発見された場合には**再審**を求めることができる（61条）。

このように ICJ の判決に法的拘束力はあるが，それが実際に履行されるかどうかは，国際社会に国内社会のような強制的な執行手段がない以上，判決の履行を求められた当事国の意向次第である。ICJ の判決が履行されないのであれば，国連憲章は，安保理がその履行を勧告して，場合によっては強制措置を決定することも可能としていることは確かである（94条2項）。しかし，安保理が当事国の要請で判決履行の措置や勧告を行うことを義務づけられているわけではなく，また，こうした憲章7章に基づく措置を発動するには常任理事国5か国全ての同意が必要である以上，拒否権により事実上常任理事国に対して措置をとることはできないことなどから，判決を強制するメカニズムとしては不十分である。結局，判決が履行されない場合，当事国は，対抗措置に訴えて相手国に判決の履行を求めざるを得ないのである。

(5) 勧告的意見手続

ICJ には，これまで見てきたような国家間紛争の解決を扱う争訟手続のほか，国連や国連と密接な関係を有する国際機関で生じた法律問題についてその機関からの要請により意見を与える**勧告的意見手続**という制度がある。これまでに南アフリカのナミビアにおける居座りの法的効果事件や核兵器使用の合法性事件など30件近くの事案について勧告的意見

が与えられてきた。

　この勧告的意見には，判決と異なり，法的拘束力はない。しかし，意見を要請した国際機関は勧告的意見に従うことがほとんどである。また，裁判所が示す意見の内容が国際法規則の明確化と発展につながることも多く，他の諸国もその規則に従うことで国際社会における法の支配に寄与していることは重要である。

　ICJ に勧告的意見を要請できる国際機関は，国連総会と安保理のほかは，国連のその他の機関か専門機関で国連総会の許可を得ているものに限られる（国連憲章96条1項・2項）。また，要請される意見の主題が法律問題であり，この法律問題が要請機関の活動の範囲内での問題でなければならない。したがって，主題が意見を要請した機関の活動の範囲外であるとして ICJ が意見の要請に応じなかった事案もある（世界保健機関（WHO）が要請した1996年武力紛争時における核兵器使用の合法性事件勧告的意見）。

　こうした要件を満たしているとしても，意見の要請に応じるかどうかは ICJ に広い裁量が認められている。もっとも，要請を拒絶すべき「やむを得ない理由」がない限り，これまで ICJ は意見の要請に応じてきた。

5. ICJ による紛争解決の意義と国際紛争解決手続の多元化現象

　このような制度や機能を有する ICJ に対しては，国際法を適用して紛争を平和的に解決を図ることが期待されている。1960年代後半から70年代初めにかけて，主にアジア・アフリカ諸国が，植民地問題についての判断を回避した1966年南西アフリカ事件第二段階判決を契機に，現行国

際法の内容とそれを適用して紛争を解決しようとするICJに不信感を持ったことから，その利用に消極的となった。しかし，冷戦終結後は，領域紛争や海洋境界画定問題，さらに各種人権条約の適用問題で広く紛争がICJに付託されるようになっている。これは，国際法を適用して紛争を解決することの重要性が依然として諸国の間で確認されているためである。

また，現在の国際社会では，関連する国際法規則を適用して紛争を解決する裁判所や機関が増加しているが，これにより国際社会における法の支配が進展することが期待される一方で，同じ事件が同時に複数の紛争解決機関に係属することも生じ得る。紛争当事国にとっては自己の利益に都合の良い紛争解決機関を選択することが可能となるが，各紛争解決機関が同じ法的論点で異なる判断を下すことも考えられ，結果として「**国際法の断片化**」という現象を引き起こしかねない。こうした状況において，現在の国際裁判所で唯一，普遍的・一般的な権限を有するICJがいかなる役割を果たすことができるのかは依然として重要な課題である。

学習課題

1．ICJの判決が当事国により比較的よく遵守される理由とは何か。また，逆に判決に従わない状況にはどのようなことが考えられるか。
2．同じ紛争でありながら，ICJだけでなく，同時に他の国際裁判所にも付託されている事件にはどのようなものがあるか，調べてみよう。

参考文献

伊藤洋一（編著）『裁判官対話』（日本評論社，2023年）
小田滋『国際司法裁判所〔増補版〕』（日本評論社，2011年）
杉原高嶺『国際司法裁判制度』（有斐閣，1996年）
田岡良一『国際法 Ⅲ〔新版〕』（有斐閣，1973年）
玉田大『国際裁判の判決効』（有斐閣，2012年）
中島啓『国際裁判の証拠法論』（信山社，2016年）
李禎之『国際裁判の動態』（信山社，2007年）

14 | 武力行使の規制と安全保障

《学習のポイント》 近代国際法では戦争に訴える国家の権利が認められていたが、現代国際法では戦争の違法化を経て武力行使が一般に禁止されるに至った。この章では、武力行使禁止原則の例外として、安全保障の観点から、国家の自衛権や国連の集団安全保障制度の軍事的強制措置が予定されていたこと、そしてそれにもかかわらず、国際法による武力行使の規制は依然として十分ではないことを解説する。
《キーワード》 戦争の違法化、武力行使禁止原則、個別的・集団的自衛権、集団安全保障、平和維持活動

1. 国際社会における武力行使の規制

(1) 戦争の許容から武力行使禁止原則の確立へ

　国際法は、戦争の発生の防止とその被害の軽減を目的の一つとして発展してきた。前者は戦争が許容される条件という**戦争の合法性に関する法・権利（*jus ad bellum*）**の問題であり、後者は次の章で検討する、**戦争発生後の戦争遂行方法を規律する法・権利（*jus in bello*）**の問題である。
　中世のキリスト教神学者は、トマス・アクィナスに見られるように、正義のための戦争は肯定されると考え、こうした**正戦論**がのちの近代において国際法学者に受け継がれていくことになった。その中でも三十年戦争（1618年〜1648年）の惨禍を目の当たりにして『戦争と平和の法』

を著したグロティウスは，戦争が許容される正当原因として自衛，侵害された権利の回復，そして懲罰を挙げて戦争の発生を制限し，正当な戦争と不正な戦争とを区別した。しかし，この正戦論には，いかなる正当原因が挙げられるかといった課題のほか，やむを得ない理由で正当原因だと思っていたものがそうではなかった場合をどうするかといった問題が残り，正戦論への疑問が提起されていくことになった。

その後，キリスト教秩序から解放されて独立・平等の主権国家により構成されるに至った国際社会では，いずれの当事国の正当原因が正しいかを判断する上位の権威が失われ，19世紀には正戦論が衰退して主権国家の実行により「戦争の自由」が広く認められることになった。また，それとともに，いずれの戦争当事国（交戦国）も正当かどうか不明な状況において，交戦国間の平等性に基づく戦争観が広まったのである（これは「無差別戦争観」と呼ばれるが，日本の学界において広く通用する名称である）。

しかし，20世紀に入ると，債権者の本国が債権回収のために兵力を用いることを制限した1907年のポーター条約のように，特定の戦争を禁止する条約が作成された。第一次世界大戦後の秩序を維持するために設立された国際連盟の設立文書である**国際連盟規約**は，紛争を平和的解決手段に付託せずに行う戦争は違法とされるなど，一定の場合に戦争に訴えることを禁止した。もっとも，連盟規約は戦争を全面的に禁止したわけではなく，紛争が付託された連盟理事会が全会一致で報告書を採択できなかった場合や，相手国が国際裁判所の判決や紛争解決機関の勧告に応じない場合には，なお連盟国に戦争に訴える権利を認めていた。

さらに，こうした連盟規約の欠陥を補う試みの一つが**不戦条約**（1928年）の締結であった。この条約は，当初は米国とフランスの間の二国間条約の予定であったが，その後，英国やドイツ，日本なども参加する多

数国間条約という形式を取るに至った。その内容は，国際紛争を解決するための戦争や国家の政策の手段としての戦争を違法とし（1条），全ての紛争の処理を平和的手段以外に求めてはならない（2条）というものである。ただし，自衛のための戦争は禁止されず，しかも戦意の表明を伴う**法律上の戦争（war de jure）**には至らない武力行使（**事実上の戦争（war de facto）**）は適用の対象から外れるという解釈を認める余地が残されていた。このため，不戦条約には紛争の平和的解決義務を履行する具体的な手段が規定されておらず，違反国に対する制裁の制度が整備されていないことも含め，その実効性については厳しい批判もある。しかし，**戦争の違法化**の規範性を強化し，国際法の規範的な構造転換の契機となった点は評価されなければならない。

　第二次世界大戦での惨禍という経験を踏まえ，国際連盟規約や不戦条約の内容を改善して**武力行使禁止原則**を導入したのが**国際連合憲章**（1945年）である。この国連憲章では，戦争に代えて武力行使という概念を用いて武力行使一般を禁止することで戦意の表明を伴わない事実上の戦争も規制の対象としたほか（2条4項），**紛争の平和的解決義務**を規定するとともに（同3項），武力行使禁止原則の違反に対しては憲章7章に基づく強制措置を実施することが予定されており，これにより武力行使禁止原則の実効性を確保しようとしたのである。今日では，武力行使禁止原則は慣習国際法上の原則として成立したとされるだけでなく（1986年ニカラグア軍事活動事件 ICJ 本案判決），そこからいかなる逸脱も許されない規範として国際社会全体が受け入れ，かつ，認める規範（強行規範）であるとする見解さえある。

(2) 武力行使禁止原則の内容

　国連憲章2条4項が定める武力行使禁止原則は，戦意の表明を伴う法

律上の戦争だけでなく，それ以外の**武力の行使**（use of force）を禁止したが，それにとどまらず，そのままでは武力の行使に至る可能性の高い行動である**武力による威嚇**（threat of force）も禁止した。具体的には，侵略戦争，紛争解決を目的とした武力の行使や武力による威嚇のほか，他国の武力行使を支援するための自国領域の使用許可，他国の反徒等への支援のような，いわゆる間接的武力行使がその例となる。

　ここでの「武力（force）」には，経済力は含まれない。これは，国連憲章2章4項，ウィーン条約法条約52条と条約法会議で採択された条約締結における軍事的政治的又は経済的強制の禁止に関する宣言，及び友好関係原則宣言の関連規定の起草過程で確認されている。また，国連憲章2条4項にいう「領土保全又は政治的独立」は武力行使から領土保全や政治的独立を守ることを強調するために挿入された文言で，自国民保護のための武力行使のような，これに反しない武力行使は許容されるという趣旨ではない。なお，同じ規定で武力行使禁止原則が「国際関係において」適用されるとされており，国内において武力行使に同原則が適用されるのかが問題となる。国際司法裁判所（ICJ）は1986年ニカラグア軍事活動事件本案判決で，他国による反政府勢力への武装支援や訓練供与などの実質的関与は武力による威嚇又は武力の行使となる一方，単なる武器の供与は武力行使とはならないと判示したが，いかなる援助活動が武力行使を構成するかは，それぞれの具体的な状況によるといわざるを得ない。

　このように武力行使は現在一般的に禁止されており，例外として武力行使が許容されるのは，国家の**個別的・集団的自衛権**と，地域的機関による措置を含む，国連安保理の決定による集団安全保障上の**強制措置**の場合に限られる（1996年核兵器使用の合法性事件 ICJ 勧告的意見）。武力行使禁止原則の例外をこれらに限定することにより，一方では武力行

使の規制を規範的に強化することになるが，他方でこの例外だけでは現実に生じる現象に対応できず，結果として同原則が遵守されなくなるおそれもないわけではない。また，上記例外に基づき武力行使が可能となる条件を明確にする作業も重要である。

2. 国家の国際法上の自衛権

(1) 国連憲章以前の自衛権

　武力行使禁止原則の例外の一つである自衛権とは，外国からの違法な侵害行為に対し，自国を防衛するために緊急の必要がある場合に武力を行使してそれに反撃する国家の権利である。武力行使自体は違法だが，差し迫った違法な侵害行為に対する緊急のやむを得ない措置であって，受けた侵害の程度と比例する限りでその違法性が阻却されるのである。

　戦争が違法化されるまでは，国家には自己の生存のために必要な，いかなることも可能であるという**自己保存権**が認められており，自衛権と厳密に区別されてはいなかった。しかし，英国領カナダの反徒に武器弾薬を運搬する米国船舶を英国軍が米国領内で破壊した1837年のカロライン号事件において，英国が自衛及び自己保存の必要性を主張してその行為を正当化したのに対し，米国国務長官ウェブスターは，自衛の発動条件として，即時の，圧倒的な，他の手段を選択する余地がなく，熟慮する余裕のない場合であって（**必要性**），選択された措置が自衛の範囲内でなければならない（**均衡性**）と主張した（いわゆる「ウェブスター・フォーミュラ」）。この必要性と均衡性の要件は，国連憲章採択後の自衛権の行使要件にも引き継がれている。

（2）国連憲章における自衛権

　戦争の違法化の過程で，不戦条約の締結に際して関係国が留保を付して自衛権を戦争禁止の例外事由と了解するなど，自衛権は自己保存権と区別されて，例外的に武力行使の正当化事由として認められることになった。その発動要件を制限し，自衛権の実定法化を強化したのが国連憲章である。

　国連憲章51条は個別的自衛権と集団的自衛権という2種類の自衛権があることを明示的に認め，国連加盟国に対して**武力攻撃**が発生した場合にのみ自衛権を発動し得るとしてその行使要件をより明確にした。

　武力攻撃は，武力行使の最も重大な形態であり（1986年ニカラグア軍事活動事件ICJ本案判決），それ以外の武力行使に対して自衛権を発動することはできない。正規軍による他国での越境軍事活動は武力攻撃を構成するが，国境付近での偶発的な発砲事件は必ずしも武力攻撃とはならない。武力攻撃の発生前の自衛権行使は違法だが，科学技術の進展による兵器の破壊力の増大とそれに伴う被害の甚大さから，武力攻撃が発生する時間的幅を広げた**先制的自衛**は違法ではないとする見解もある。国連憲章上，武力攻撃の主体は国連加盟国に限定されるが，非国家的実体による最も重大な形態である武力行使も武力攻撃とみなして，国家が当該実体に対して自衛権を発動する実行も確認される（2006年イスラエルによるレバノン領内でのヒズボラへの自衛権行使など）。また，私人によるサイバー攻撃への対応を自衛権に根拠づけるには当該攻撃を武力攻撃とみなす必要がある。

　憲章51条には明示されていないが，カロライン号事件以来の必要性と均衡性も自衛権発動の要件である。前者は，対処に必要な時間が切迫しており，そうした急迫した状況下で自衛措置にはそれ以外に合理的な救済手段がないという条件を意味する。後者によれば，先行する武力攻撃

の規模や性質に照らして，自衛措置の規模や目的が均衡していなければならない。

　自衛権を行使した場合，憲章51条によると，行使国は安保理にその旨を報告しなければならない。報告しなくても自衛と称する措置自体が違法になるわけではないが，後に自衛権発動の合法性が国際司法裁判所などにより審査される際にその判断形成で不利に作用することも起こり得る。自衛権行使が認められるのは，安保理が国際の平和と安全の維持に必要な措置をとるまでの間に限られる。これは，個別国家の自衛権の暫定的性格とそれに対する安保理の集権的なコントロールを表すものである。

　以上のような武力攻撃の直接の被害国が行使する**個別的自衛権**のほか，国連憲章において**集団的自衛権**が初めて導入された。被攻撃国を支援した武力行使を許容するこの概念の法的性質については，①個別的自衛権の共同行使，②被攻撃国の権利の防衛，③被攻撃国に係る自国の重大な利益の防衛という三つの考え方がある。国家実行は，日本の安全保障法制に見られるように，③に近いが，ICJは1986年のニカラグア軍事活動事件本案判決で，国際社会の一般利益の擁護の観点から基本的に②の立場を採用した。ただ，この判決によれば，集団的自衛権の行使には濫用のおそれがあることから，上記個別的自衛権の行使要件を満たすだけでなく，被攻撃国が自ら武力攻撃を受けたことを宣言するとともに，当該被攻撃国が集団的自衛権を行使する国に援助を要請することも求められた。

（3）国家による自衛権以外の一方的武力行使の可能性

　個別国家の武力行使は自衛権に限られるが，歴史的にはそれ以外の形態の武力行使も国家により主張されてきた。

在外自国民の保護は，20世紀初頭までの国際法では自衛権を援用する必要がなく合法とされていた。在外自国民の生命や財産を守ることは国家自体を守ることであり，自己保存権からも正当化されたからである。また**人道的干渉**は，19世紀にオスマン帝国におけるキリスト教徒迫害を口実にヨーロッパ列強が主張した形態だが，冷戦終結後も，国家主権に人権保護が優位するという理由から，コソボでの人権侵害に対する北大西洋条約機構（NATO）のユーゴスラビア空爆では人道的介入として正当化することが主張されている。もっとも，第二次世界大戦後に武力行使禁止原則が確立して以降は，人道的干渉にせよ人道的介入にせよ，いずれも武力行使の正当化根拠とは認められない。領域国による同意に基づき他国が武力行使を行うことが認められる場合もあるが，極めて例外的な事例である（内戦などで領域国から他国国民が撤収する活動（evacuation）に付随する武力行使など）。

3．集団安全保障制度

（1）集団安全保障制度の特徴と国際連盟への導入

　自衛権と並ぶ武力行使禁止原則の例外が，集団安全保障制度に基づく国連の**集団的な軍事的措置**である。戦争が認められていた19〜20世紀初頭にかけては，外部に敵を想定する**軍事同盟**とその軍事同盟相互間の**勢力均衡システム**が国際社会の安全保障制度の中核であった。しかし，勢力均衡は自陣営に有利な均衡を求める軍拡競争を招きやすく，その破綻から均衡が崩れて第一次世界大戦が生じたのである。このことを反省して国際連盟はこれに代え，諸国が互いに武力不行使や領土不可侵を約束して侵略等によりこれが破られた場合には，他の全ての国が被害を受けた国を助けて一致団結し，違反した加害国に制裁を課して侵略等を排除

するという**集団安全保障制度**を導入した。仮想敵を集団の外部に想定する同盟方式とは異なり、潜在的侵略国をも集団の内部に取り込んで諸国が相互に牽制しあうところにこの制度の特徴がある。

　国際連盟の集団安全保障は、連盟全体の連帯性を強調したうえで（国際連盟規約11条）、戦争禁止規定に違反して戦争に訴えた加盟国に対して他の加盟国が一切の通商・金融上の関係を断絶することを約束する一方（16条1項）、軍事制裁については加盟国による陸海空軍の分担の程度を理事会が関係国に提案するにとどまり（同2項）、同制裁に兵力を提供する加盟国の義務は定められなかった。したがって、主たる制裁手段は経済制裁であり、軍事制裁は補助的な役割に過ぎず、この点が連盟の集団安全保障の問題点と考えられた。その他、戦争が完全に禁止されてはいなかったことに加え、連盟規約違反の戦争の認定権に関する規定がないことから制裁発動を集団的に決定できるか不明確でもあった。実際、「**16条適用の指針**」連盟総会決議（1921年）により、規約違反が存在するかどうかは各加盟国の判断に委ねられ、制裁発動の集団化の可能性もまたその実効性も著しく損なわれることになったのである。

　国際連盟において規約16条が適用された唯一の事例は、1935年に発生したイタリアによるエチオピア侵攻であったが、経済制裁も不徹底でその実効性を確保する措置もとられず、結果としてイタリアによるエチオピア併合を阻止することはできなかった。国際連盟の制裁メカニズムが上記のような問題点を含んでいたほか、各加盟国の利害対立によりその機能が十分に発揮されなかった結果である。

（2）国連の集団安全保障の概要

　国際連盟での失敗を踏まえて、国連の集団安全保障制度は、戦争だけでなく武力行使一般を禁止することとしたほか、「**平和に対する脅威**」

「**平和の破壊**」「**侵略行為**」の存在の認定とそれに対する集団的措置の実施決定を国連の主要機関である安保理が行うことで意思決定の国連への一元化を図るとともに，陸海空軍による軍事的措置を重視してそのための手続を整備した。さらに，国連が実施する普遍的な集団安全保障だけでなく，**地域的取極・地域的機関**による**地域的な集団安全保障**も奨励している。

　国連の集団安全保障制度は国連憲章7章に規定されており，集団的な措置発動には，「平和に対する脅威」「平和の破壊」「侵略行為」の存在がまず安保理により認定されなければならない（憲章39条）。安保理は，この認定の有無にかかわらず，関係国に対して敵対行為の停止や軍隊の撤退などの**暫定措置**を要請することができる（40条）。集団的措置としては，経済制裁や外交関係の停止等の**非軍事的措置**が主として実施される（41条）。安保理がこれを決定した場合には，国連加盟国は国連憲章上の義務としてその実施を義務づけられる（25条）。さらに，**軍事的措置**の実施も予定されている（42条）。非軍事的措置では実効的に目的を達成できない場合には当初から軍事的措置の実施が可能である。国連と加盟国との間では軍事的措置のための**兵力提供に関する特別協定**の締結が予定されていたが（43条），これまでこうした特別協定は締結されておらず，この協定に基づく国連軍も組織されたことはない。

　国連憲章8章では地域的取極・地域的機関による集団安全保障制度も認められており，安保理の許可を受けて軍事的措置をとることは可能である。また，常任理事国の拒否権行使などにより安保理が強制措置を実施できない場合には，安保理に代わって国連総会が加盟国に国際の平和と安全を維持・回復するための集団的措置を勧告することができる（国連総会「**平和のための結集決議**」（1950年））。

（3）国連の強制措置の実行

　冷戦期には，中東戦争やベトナム戦争など国家間での武力衝突の事例は多かったものの，国連の強制措置が発動された事例はほとんどない。非軍事的措置は南ローデシア問題と南アフリカのアパルトヘイト政策問題に限られ，いずれも他国に対する権利侵害や武力攻撃ではなく，人権や自決権侵害を引き起こす国内政策問題であった。また軍事的措置については，国連憲章が予定していた国連軍は特別協定が締結されていなかったために組織されず，派遣決定が安保理の勧告でなされて任意の加盟国により実施された朝鮮国連軍がその唯一の例とされる。この朝鮮国連軍は，実施が安保理の集権的な決定によることや，派遣を希望する国により軍隊が編成されたこと，そして指揮権が派遣国に委ねられたことなど，冷戦終結後に展開する多国籍軍の特徴を携えている。

　冷戦期に国連の集団安全保障制度が機能しなかったのは，拒否権の存在や特別協定の未締結などのためとされる。しかし，実際には，国家間における力の偏差と格差が激しい国際社会の構造的特徴から，大国に対しても平等にこの制度を実施することは困難であるということのほか，自国利益と離れて強制措置に参加・協力することを加盟国に期待しにくいことがその主要な理由である。このため，冷戦期には，国連憲章51条の個別的・集団的自衛権に基づく軍事同盟が東西で対立する（ワルシャワ条約機構対北大西洋条約機構（NATO））という勢力均衡が実際の国際安全保障の手段として機能したのである。

　東西冷戦が終焉することで，安保理常任理事国が一致して活動し，冷戦終結後は国連の集団安全保障制度が機能することが期待された。実際にも，1990年8月に発生したイラクによるクウェート侵攻について，安保理がイラクの行為を「平和の破壊」と認定してクウェートからの即時無条件撤退を求める暫定措置を要請した後（安保理決議660），包括的な

非軍事的措置を発動し（同決議661），国連憲章起草者が想定した経済制裁の実施を行ったのである。ただ，クウェートからの撤退要求に応じなかったイラクに対する軍事的措置は，憲章43条の特別協定が締結されていないこともあり，憲章7章の下で有志の国連加盟国に「あらゆる必要な措置（all necessary means）」をとることを「許可（authorize）」することで実施された（同決議678）。これはいわゆる**多国籍軍方式**と呼ばれるもので，軍事的措置の目的や条件の充足を安保理が集権的に決定する一方，加盟国が分権的にその決定を実施する点に特徴があり，冷戦終結後に憲章7章に基づき国連が軍事的措置を実施する際の形態として定着していくことになった。

　国連が憲章7章に基づく措置で対応する範囲は，冷戦期から国家間の武力紛争にとどまらず，人権や自決権侵害も対象となっていたが，冷戦終結後は軍事クーデタによる政権転覆，テロリズム問題などにも広がり，それは「平和に対する脅威」概念の拡大という形で現れている。さらに，それに対応して具体的な非軍事的措置も，包括的な経済制裁や武器禁輸から外交関係の断絶，国家指導者等のみを対象とした移動の自由の制限や資産凍結といったスマート・サンクション，個人の刑事責任を問う国際的な刑事裁判所（旧ユーゴスラビア国際刑事裁判所やルワンダ国際刑事裁判所）の設置まで広範に及ぶようになった。軍事的措置についても，湾岸戦争のような大規模な措置はまれではあるが，人道的活動支援や治安維持などの限定的な目的で多国籍軍型軍事活動が利用されているのは冷戦終結後の特徴である。

　しかし，これも安保理常任理事国の一致がなければ実現しないし，これらの大国に対して集団安全保障上の措置をとることは現実には不可能である。イラクの大量破壊兵器保有疑惑から2003年に発生したイラク戦争では，常任理事国間の対立により米国と英国の軍事活動を明示的に許

可する安保理決議は採択されず，国連の集団的措置とみなすことは困難であったし，2022年2月に発生したロシアによるウクライナへの軍事侵攻に至っては，ロシア自身の拒否権行使により安保理は行動を取ることができず，平和のための結集決議に基づき国連総会が法的拘束力のない決議でロシアの行為を「侵略」と認定し非難するにとどまった。この「侵略」を認定した国連総会決議を多くの加盟国が支持した意義は否定できないが，それに対して安保理が効果的な強制措置を決定できなかった現実は，国連の集団安全保障制度の限界を示している。

4. 国連の平和維持活動（PKO）

（1）伝統的 PKO の登場と展開

　冷戦期に憲章起草者が想定した集団安全保障制度が機能しなかったため，これを補完する形で国連の実行により編み出された新たな制度が**平和維持活動（PKO）**である。この活動は，国連が関係国の同意に基づき軍隊を派遣してその中立的役割を通じて事態の悪化を防止し，紛争の平和的解決のための環境を整備することを目的とする。1956年のスエズ危機で派遣された国連緊急軍（UNEF）により最初に注目された国連のPKOは，その後，レバノン，キプロスなどへの派遣と実行を通じて制度として確立することとなった。またその過程において，PKO の活動原則として，関係国の同意を得て行うという**同意原則**，紛争や関係国の国内事項には関与しないという**中立・公平原則**，そして関係者に対する強制を行うことなく武力行使は自衛目的に限定されるという**自衛原則**がそれぞれ形成されてきた。

　冷戦期の PKO は，国連憲章起草者が想定していなかった活動であり，憲章上，明文規定に基づくことなく実施された。このため，この活

動の法的根拠は憲章規定に求めることはできず，ICJ は1962年の国連経費事件勧告的意見において，国際の平和と安全の維持という国連の目的の遂行に必要な活動であるとして，黙示的権能理論に基づき PKO の国連憲章上の合法性を認めた。実際には，国連憲章成立後の実践過程を通じて国連加盟国が新たに PKO という制度の設置に合意したものと見ることもできよう。しかし，PKO は活動原則の中でも根幹とされる関係国の同意があって初めて実効的に実施できるのであり，コンゴの事例のように，そうした同意が関係国から得られない場合や内戦のように同意を得るべき関係当事者が多数になる場合には，PKO が現地に展開しても任務を遂行することが困難になったり，紛争当事者となってしまうことさえもあり得た。そのような状況は冷戦終結後にますます増加することになったのである。

（2） 冷戦終結後の国連 PKO の発展

国連 PKO は，冷戦終結後，激増した内戦の状況に対応して国内の社会的経済的問題をも任務として扱うことになった。このため，停戦監視などの軍事活動と選挙監視支援，人権状況の監視，難民・避難民の保護と再定住促進などの非軍事的な任務とが結びついた**複合型 PKO**（国連カンボジア暫定行政機構など）と，多様な任務とそれを実効的に実施するために憲章7章に基づく強制措置とが結びついた**強制型 PKO**（第二次国連ソマリア活動，旧ユーゴスラビアにおける国連保護軍）が90年代前半に登場した。軍事部門と民生部門が結合した前者は，社会的経済的基盤から紛争の原因を根絶することを目的としており，その後の PKO においても重要な先例となっている。他方，後者の PKO は，1992年にブトロス・ガリ国連事務総長が国連の平和維持機能の強化のために公表した「平和への課題」の中で提案した平和執行部隊を実現したものであ

ったが，実際には関係当事者の協力が得られず，大きな被害を受けて撤退を余儀なくされた。このため，その反省に立ってブトロス・ガリ国連事務総長が公表した「平和への課題：補遺」では同意原則，公平原則，自衛原則の維持が強調され強制型PKOへの消極的姿勢が明確となり，同様の任務を憲章7章に基づく強制措置により実施する役割は，90年代後半の一時期，多国籍軍型軍事活動によって担われることになった。

　2000年以降は，強制型PKOの失敗を教訓として再び憲章7章に基づく武力行使が許可されたPKOが多国籍軍に置き換わる形で復活した（**「強化された」PKO**）。これは，2000年に国連平和活動検討パネルがコフィ・アナン国連事務総長に提出した「ブラヒミ・レポート」での提案に沿ったもので，強制型PKOと異なるのは，複合型PKOと同じように様々な任務を担いつつ，当事者間の和平プロセスにおいて確固たる地位を与えられるとともに，その任務遂行のために行われる憲章7章に基づく武力行使も当事者の同意を事前に得ている点である。こうした活動は，武力行使による治安維持だけでなく，軍・警察・司法制度の整備，人権保護，選挙支援，難民・避難民保護と再定住促進，人道的支援活動など国家再建プログラムを含めた平和構築を任務とする活動として**国連平和活動**とも呼ばれるようになっている。

　「強化された」PKOは，これまでの国連PKOの経験や任務の在り方などについて国連事務局がまとめた「国連平和維持活動―原則と指針（キャップストーン・ドクトリン）」（2008年）に見られるように，任務内容や活動原則の理解につき発展を遂げており，こうした強化されたPKOを含め，2024年7月現在で，11の国連PKOが展開し，あわせて約6万人の要員が派遣されている。

（3）日本の国連 PKO への貢献

　日本は1956年の国連加盟直後から国連 PKO への自衛隊参加を要請されていたが，自衛隊の海外派兵問題もあり，冷戦期は文民の選挙監視団等への派遣にとどまっていた。

　自衛隊を含む本格的な要員の派遣が実施に移されたのは，冷戦終結後の1992年8月に国際連合平和維持活動等に対する協力に関する法律（国際平和協力法）が施行されて以降である。湾岸戦争では多額の財政的支援を行ったものの，人的貢献が行われなかったことに対する批判を受けてのことであった。この法律により，紛争当事者間の停戦合意の存在，活動が行われる領域国及び紛争当事者の当該活動及び日本の参加への同意の存在，中立性の厳守，上記の条件が満たされない場合の日本の部隊の撤収，要員の生命等の保護のための最小限の武器使用という，いわゆる **PKO 参加5原則** に従って PKO への要員の派遣が可能となった。当初は停戦監視や軍隊の撤退，武装解除の履行監視などの本体業務への参加は凍結されていたが，2001年改正で本体業務への参加凍結は解除され，さらに2016年改正により要員以外の現地住民や関係者の生命・安全の確保を行う「駆け付け警護」のために武器も使用が可能とされた。

　日本は，国際平和協力法に基づき，1992年に第二次国連アンゴラ監視団に選挙監視要員を派遣して以降，国連カンボジア暫定行政機構や国連東ティモール暫定統治機構，国連ハイチ安定化ミッションなど，これまで13の国連 PKO に要員を派遣してきた。しかし，2017年5月に現地情勢の悪化により国連南スーダン共和国ミッションに派遣されていた自衛隊が撤収して以降，国連 PKO への新規の自衛隊派遣は行われていない。これは，参加5原則を満たし，日本からの要員派遣に適する国連 PKO が活動していないことのほか，主要な国連 PKO 自体も2014年の国連中央アフリカ多角的統合安定化ミッションを最後に新規の設置が行わ

れていないという事情によるものでもある。

学習課題

1. 現実には世界の各地で武力衝突や戦争が発生している。そのような状況でも武力行使禁止原則は確立しているといえるのであろうか。
2. 国連の集団安全保障制度が国連憲章の予定通りに機能しない理由について検討してみよう。

参考文献

大沼保昭（編）『戦争と平和の法〔補正版〕』（東信堂，1995年）
小田滋ほか（編）『祖川武夫論文集　国際法と戦争違法化』（信山社，2004年）
黒﨑将広ほか『防衛実務国際法』（弘文堂，2021年）
香西茂『国連の平和維持活動』（有斐閣，1991年）
田岡良一『国際法上の自衛権〔新装版〕』（勁草書房，2014年）
松井芳郎『武力行使禁止原則の歴史と現状』（日本評論社，2018年）
村瀬信也（編）『国連安保理の機能変化』（東信堂，2009年）
森肇志『自衛権の基層〔増補新装版〕』（東京大学出版会，2023年）

15 | 武力紛争と法

《学習のポイント》 武力行使禁止原則が確立している現代国際社会でも武力紛争は依然として存在する。発生した武力紛争における戦闘手段や戦闘方法，傷病者や捕虜，文民など，武力紛争犠牲者の保護を規律する武力紛争法の成立基盤や具体的規則の内容を解説するほか，武力紛争が発生した場合に，その当事者と当事者以外の国家との間で中立が存在し得る状況についても検討する。
《キーワード》 戦時国際法，武力紛争法，国際人道法，戦闘手段と戦闘方法の規制，戦闘員，捕虜，文民，武力紛争犠牲者の保護，中立

1. 武力紛争法の成立と発展

(1) 武力紛争法の定義と目的

現代国際法では戦争も武力行使も禁止されているものの，現実には国家間や一国内において武力紛争が発生することがある。国際法は，武力行使が国際法上合法であるかどうかの基準となる法・権利（*jus ad bellum*）とは別に，武力紛争が生じた中でその遂行方法を規律する法・権利（*jus in bello*）を定め，武力紛争における戦闘行為その他の敵対行為により生じる損害をできるだけ減少・回避させ，武力紛争による犠牲者を保護することを試みる。

戦争が違法となった時代に至るまでは，国際法は戦争状態の存在・不存在を基準として戦時国際法と平時国際法に区別され，敵対行為に関す

る国際法規則を含む，戦争状態において国家間関係を規律する法は**戦時国際法（戦争法）**と呼ばれた。武力行使禁止原則が確立した現代国際法においては戦争状態がもはや認められないことから，戦時国際法と平時国際法とに分けることはなく，「戦争」という語の使用は避けられ（代わって現代では「武力紛争」が用いられる），かつての戦時国際法に該当する規則には**武力紛争法**という名称が使用される。また，武力紛争時における人権や個人の保護を図る側面を強調して**国際人道法**と称されることも多い。なお，現代国際法では戦時と平時の区別が意味を持たなくなったため，人権の国際的保障の規範的・制度的発展も相まって，国際人権法がデロゲーション可能な規定を除いて武力紛争時にも適用され得ることになり，国際人道法は，武力紛争時において特別法として国際人権法とともに適用されることになる（2004年パレスチナの壁事件ICJ勧告的意見）。

戦時国際法は，戦争を遂行する**交戦国**間の関係を規律する**交戦法規**と，交戦国と戦争状態に入っていない**中立国**との間の関係を規律する**中立法規**に分けられていたが，その形式と内容は，現在の武力紛争法にほぼ同様に受け継がれている。

（2）戦時国際法から武力紛争法へ

戦時国際法の内容は，国家実行により明確になり慣習国際法規則として発展してきたが，その条約化が盛んに行われるようになったのは19世紀後半以降である。一方でロシア皇帝の主導により開催された，特定の兵器の使用規制・禁止や戦闘行為の規制を目的とする法規の条約化が2回のハーグ平和会議（1899年・1907年）で大きく進展した。この会議では，開戦条約，ハーグ陸戦条約及びそれに付属するハーグ陸戦規則などが採択されている。他方，1863年に後の赤十字国際委員会（ICRC）と

なる組織が創設され，1864年には，国際赤十字運動の活躍により，ジュネーヴの外交会議で戦時の傷病兵の保護を規定する第１回赤十字条約が採択された。その後も，この条約の改正のほか（1906年，1929年），この条約の原則を海戦に応用する条約（1899年，1907年改正）や**捕虜待遇条約**（1929年）が作成され，戦争犠牲者の保護を目的とした法規が形成されてきた。このような経緯から，前者の戦闘手段や方法の規制に関する法規を**ハーグ法**，戦争犠牲者の保護に関する法規を**ジュネーヴ法**と呼ぶこともある。

　20世紀前半における戦争の違法化の動向と，国連憲章への武力行使禁止原則の導入とその確立により，一時期，武力紛争法の法典化への関心は薄れた。しかし，武力紛争がなくなることはない現実を前に，1949年にICRCの尽力により**ジュネーヴ諸条約**（傷病者条約，海上傷病者条約，捕虜条約，文民条約。それぞれ第一〜第四条約と呼ばれることもある）が採択された。それぞれ，赤十字条約，赤十字条約の原則を海戦に応用する条約，捕虜待遇条約，ハーグ陸戦規則の文民保護関連規定を発展させており，それに加えて，人を保護するという人権法の考え方が，それまで戦時国際法とされた法規に取り入れられている。武力紛争時における人権の保護の重要性は，1977年に採択された，民族解放戦争を国際的武力戦争とする**ジュネーヴ諸条約第一追加議定書**や非国際的武力紛争に適用される**同条約第二追加議定書**の内容にも反映されている。

　こうした展開を経て，現代の武力紛争においては，慣習国際法規則が適用されるほか，国際的武力紛争についてはハーグ陸戦条約とハーグ陸戦規則，ジュネーヴ諸条約及びその第一追加議定書が，非国際的武力紛争についてはジュネーヴ諸条約共通３条とジュネーヴ諸条約第二追加議定書が，それぞれ主要な条約及び規定として適用されている。

2. 武力紛争法の適用

(1) 武力紛争の平等適用

　武力紛争法が全ての紛争当事者に平等に適用されるかどうかに関連して，以下の二つの問題がある。

　一つはいわゆる**総加入条項**の問題である。これは第一次世界大戦までの交戦法規に関する条約に挿入されていた条項で，交戦国のうち一国でも当該条約の締約国でなければ，その条約は，たとえ条約の締約国の間であっても，これら交戦国間では適用されないという効果を有する。非締約国は条約の適用による制約を受けないため，条約締約国である交戦国は非締約国との関係で不利となることから，この不利を除去するのが総加入条項の目的であったが，戦争犠牲者の保護の観点からは好ましいこととはいえず，第一次世界大戦後の条約では挿入されていない。ジュネーヴ諸条約共通2条では，武力紛争当事国の一つが同条約に参加していなくても，条約締約国は非締約国に対してこの条約の遵守義務が規定されており，しかも非締約国がこの条約を受諾すれば当該非締約国との関係でジュネーヴ諸条約が適用されることになっており，同条約の適用範囲の拡大が図られている。

　もう一つは，武力行使禁止原則の確立により生じたもので，違法に武力を行使した国家に対しても，武力紛争法は，他の武力紛争当事国との関係で平等に適用されるべきかどうかという問題である。違法に武力を行使して相手国の戦闘員を殺傷しても，武力紛争法が適用されれば相手国に捕まった場合でも捕虜として待遇されるというのは不合理であるとして，その場合には違法武力行使国に武力紛争法は適用されるべきではないという**差別適用**が主張された。しかし，武力行使が合法かどうかを規律する法（*jus ad bellum*）と武力紛争において当事国が遵守すべき法

(*jus in bello*) とは理論的に区別されており，前者の違法性を後者の効果に連動させる必然性はない。また実践的にも，国連安保理や国際司法裁判所のような第三者機関が，進行中の武力紛争において，武力行使の違法性を認定することは極めてまれであり，いずれの国家も自国による武力行使の合法性を主張する武力紛争当事国間で差別適用を採用すると，互いに武力紛争法の適用を否定する結果となって戦争犠牲者の保護がさらに達成しにくくなる。このように差別適用には不都合なところが多いため，武力行使が国際法上合法かどうかを問わず，武力紛争当事国間においては武力紛争法の**平等適用**が原則とされる。

（２）武力紛争の性質との関係

　戦時国際法が適用される前提条件は戦争状態の存在であり，それは，宣戦布告など国家による**戦意の表明**で国家間に戦争状態が発生することを意味する。このため，戦時国際法の適用は，戦意の表明という要件を満たした国家間の戦争という「**法律上の（*de jure*）戦争**」に限られた。

　これによれば，戦意を相手国に通告しない「**事実上の（*de facto*）戦争**」には戦時国際法は適用されない。しかし，現代においても，武力紛争による損害の軽減を目的とする武力紛争法の適用・不適用が，当事国の意思によって決められるとするのは不合理である。実際にもジュネーヴ諸条約は，条約締約国が戦争状態を承認するかどうかにかかわらず，この条約が適用されるとして，「事実上の戦争」にも武力紛争法の適用を可能とした（共通２条１項）。この場合，武力紛争の発生は，紛争当事国の意思ではなく，武力の烈度など客観的な基準で測ることになる。

　また，戦時国際法の適用が国家間の「戦争」に限られ，これが武力紛争法にも当てはまるとすると，**内戦**のようなそれ以外の非国際的武力紛争には武力紛争法は適用されないことになってしまう。実際にも，スペ

イン内戦（1936〜39年）において悲惨な被害が生じたのは，当時の戦時国際法が適用されなかったことも一因であったことから，ジュネーヴ諸条約は内戦にも適用される規定を用意した。それは最低限の保護基準を定めたもので，敵対行為に直接参加しないものに不利な差別を与えないことと，傷病者は収容して看護することが規定されている（共通3条）。さらに，ジュネーヴ諸条約第二追加議定書は，その内容をさらに充実させて非国際的武力紛争に適用される規則をより詳細に規定した。

　第二次世界大戦後，人民が植民地からの政治的独立を目指して武装闘争を行う**民族解放戦争**が発生したが，この武力紛争も従来は国内的な抗争とみなされていた。しかし，非植民地化が国内問題ではなく，しかも政治的独立を含む自決の原則が国際法上の原則として承認されるようになり，民族解放戦争も国際的武力紛争として位置づけるべきとの主張が強まった。このため，最終的にはジュネーヴ諸条約第一追加議定書で民族解放戦争を国家間の武力紛争と同様に扱い，民族解放団体も，ジュネーヴ諸条約とその第一追加議定書の適用を約束する宣言を行うことにより，締約国と同じ権利義務を享有することとなった（第一追加議定書96条3項）。

3．戦闘手段と戦闘方法の規制

（1）武力紛争法の成立要因と規制方法

　武力紛争法は，戦争目的の遂行から相手の戦闘能力をなくせばよく，それ以上の被害は与えなくてもよいとする**軍事的必要**と，戦争による犠牲者は人道的に保護されなければならないとする**人道的考慮**という二つの要因のバランスの上に成立している。ハーグ法は軍事的必要という特徴を反映するのに対し，ジュネーヴ法は人道的考慮が優位しているとさ

れるが，ハーグ法も，文民保護に関する規定を有するように，軍事的必要と人道的考慮の双方を含んだ内容となっている。しかも，武力紛争法の各種条約，特にジュネーヴ諸条約の第一及び第二追加議定書は，ハーグ法とジュネーヴ法の双方の系譜の規定を取り入れているのである。ただし，現代の武力紛争法では，武力紛争時の人権保護の要請もあり，人道的考慮がより重視されている。

　こうした軍事的必要と人道的考慮のバランスを取りながら，次の二つの原則が存在する。一つは**軍事目標主義**である。戦闘員と文民，軍事目標と民用物などの区別を前提として，前者に対する攻撃だけが許容されるというものである。もう一つは**過度な障害や不必要な苦痛を与える兵器やその使用は禁止される**という原則である。

　武力紛争法に基づく規制には，戦闘手段である兵器の規制の側面と，戦闘方法の規制の側面がある。しかも規制方法には，特定の種類の兵器を規制するという具体的な方法と，過度な障害や不必要な苦痛を与える兵器を規制するという抽象的な方法がある。前者の規制方法である特定の兵器の規制では技術の発展による新兵器の発明とその規制との間でいたちごっこになりやすく，後者は「不必要」の基準が不明確である。したがって，いずれかの規制方法では不十分であることから，これら2種類の規制方法が相補的に用いられている。

（2）戦闘手段の規制

　武力紛争法における個別兵器の規制は武力紛争時に限られる一方，軍縮・軍備管理法による兵器の規制にはそうした制約がなく，通常時に行われるという違いがあるが，両者には重なるところが多い。

　歴史的には，特に2回のハーグ平和会議において採択された開戦条約やハーグ陸戦条約とその附属書であるハーグ陸戦規則が重要であり，陸

戦や占領地での活動については現在も援用される。さらに20世紀後半には，科学技術の発達により開発された兵器の規制が課題となり，生物兵器禁止条約（1972年），特定通常兵器使用禁止制限条約（1980年）と地雷・ブービートラップ，焼夷兵器，レーザー兵器などの規制に関する各種議定書，化学兵器禁止条約（1993年），対人地雷禁止条約（1997年），クラスター弾条約（2008年），武器貿易条約（2013年）などが採択されており，これらは軍縮・軍備管理法と重なるものでもある。人工知能（AI）搭載兵器については，その規制について現在議論が行われている。

核兵器の使用については，特定の地域で禁止する条約があるほか，核兵器の使用のほか，その開発，保有，配備も全面的に禁止する初めての条約である核兵器禁止条約が2017年に国連総会で採択され，2021年に発効した。しかし，この条約には核兵器保有国や核兵器を保有すると見られる国がいずれも参加しておらず，その実効性が疑問視されている。

条約で禁止されていない兵器であっても，ハーグ陸戦規則23条ホにあるように，「不必要な苦痛」を与える兵器の使用は禁止される。「不必要な苦痛」とは，軍事的効果を超えて人に精神的肉体的苦悶を与えるもので，核兵器の使用はこの「不必要な苦痛」に該当するとすれば，条約によらず，慣習国際法上，その禁止を主張することが可能となる。1996年核兵器使用の合法性事件ICJ勧告的意見では，この不必要な苦痛の禁止などから核兵器の使用・威嚇が国際人道法に違反すると判断された。ただ，同時にICJは，自衛という極限状態での核兵器の使用・威嚇は合法とも違法ともいえないとも述べており，この点をどのように解釈するかは議論が分かれている。

（3）戦闘方法の規制

戦闘方法の規制として重要なのは，軍事目標とそれ以外の民用物とを

区別して軍事目標だけを攻撃対象とできるとする**軍事目標主義**である。かつては交戦国の領域を防守地域（都市）と無防守地域（都市）に分けて，前者には無差別攻撃が可能である一方，後者では軍隊や飛行場などの軍事目標に攻撃が限定されるという考え方が取られてきた（昭和38年（1963年）広島・長崎原爆投下事件東京地裁判決（原爆判決）では広島・長崎への米国による原爆の投下が無防守都市への無差別爆撃として違法な戦闘行為とされた）。これに対してジュネーヴ諸条約第一追加議定書は，軍事目標と民用物の定義も定めて，どの地域においても軍事目標と民用物の区別を前提とした軍事目標主義を徹底し，現代武力紛争法の原則を示している（48条・52条）。

　もっとも，軍事目標と民用物，戦闘員と文民とを明確に分けることが現実には困難な場合が多い。したがって，軍事目標や戦闘員を攻撃する際に民用物や文民に巻き添えの被害（**付随的損害**）がある程度生じても法的な責任が攻撃国に帰せられることはない。しかし，それが過度に発生する場合には武力紛争法に違反する行為となる。

　なお，現代においては，陸・海・空の三次元空間だけでなく，サイバー空間上でのサイバー戦も想定されており，そこでのサイバー手段の効果も結果として陸・海・空のいずれかで発生することから，原則として，既存の武力紛争法規則が適用されることになる（2017年『サイバー活動に適用可能な国際法に関するタリン・マニュアル2.0』第4部参照）。したがって，サイバー戦においても軍事目標主義が適用されなければならないが，そうした戦闘方法の規制がサイバー空間でも有効かどうかはさらに議論が必要である。

4. 武力紛争犠牲者の保護

(1) 戦闘員

　武力紛争犠牲者は，戦闘員，捕虜及び文民に分けられ保護される。また，戦闘員はさらに，陸上戦闘における傷病兵と海上戦闘における傷病兵及び難船者に区分される。これらの犠牲者には，その地位に応じて，ジュネーヴ諸条約及びその追加議定書などによる保護が与えられる。

　戦闘員は敵国に捕らえられた場合には捕虜資格を有するので，ここで重要となるのは文民と区別される戦闘員としての資格である。この資格は，当初は厳格に定義されたが，その後は範囲が拡大してきた。ハーグ陸戦規則では国家の正規軍のほか，①指揮官の下に行動し，②軍人であることが認識できるエンブレムを身に着け，③公然と武器を携行し，④戦争法を遵守する，という条件を満たせば，民兵や義勇兵団も戦闘員資格を有する（1条）。また，占領地域の一般市民が武器を取って戦う群民兵も，武器の携行と戦争法の遵守など一定の要件を満たせば戦闘員資格を与えられた（2条）。捕虜条約は，第二次世界大戦の経験から，その他レジスタンスも上記4条件を満たせば戦闘員資格を有することとした（4条）。さらに，植民地からの独立を主張して武装闘争を行う民族解放運動については，ゲリラ活動が主なので上記4条件を満たすことは困難であることから，ジュネーヴ諸条約第一追加議定書は，そのうち①と④のみの充足を求め，他の条件はできるだけ緩和して交戦に従事している間のみ公然と武器を持っていれば戦闘員となるとして，戦闘員資格を拡大させている（43条1項・44条3項）。

(2) 捕虜

　戦闘員であれば，国際的武力紛争中に戦闘行為を行って損害を生じさ

せても，武力紛争法に従う限り，法的な責任を問われることはない（**戦闘員特権**）。また，国際的武力紛争においては，相手国に拘束されても，**捕虜**として待遇されて，生命・身体・財産等が保護される。こうした保護の人道的待遇を定めたものとして，ハーグ陸戦規則を皮切りに，捕虜待遇条約，ジュネーヴ捕虜条約及びジュネーヴ諸条約第一追加議定書がある。

戦闘員資格を有すると捕虜資格も有することになるため，正規軍の構成員以外に戦闘員資格を広げることは，捕虜としての保護の対象を拡大させることになるという観点からは望ましい。他方で，捕虜資格を有する者の範囲を拡大させることは，正規軍の構成員以外の者による敵対行為への参加を促進することにもなり，その結果，文民との区別が困難となり，誤って文民を戦闘行為の対象とするおそれも生じ得る。前述の戦闘員資格（＝捕虜資格）に様々な条件が付されるのはそのためでもある。

（3）文民

文民は，戦闘員資格を持たず，戦闘に直接参加していない者であり，その生命・身体・財産・名誉・尊厳は保護される。また，文民は，敵対行為に直接参加して戦闘員資格を有することになる場合以外は，武力紛争の相手方当事者から攻撃を受けることはない。戦争法において文民保護は当然のこととされており，その関連規則はハーグ陸戦規則にも存在するが（占領地における私権の尊重を定めた46条など），こうした広範な保護は慣習国際法として確立していた。武力紛争法においても同様に文民保護が求められ，そのための独立した条約は文民条約が初めてである。

文民条約は，武力紛争当事国の権力内にある相手国文民と占領地下に

おける相手国文民を「被保護者」としてその保護の内容を規定し，自国民，中立国国民等を対象外とする（4条）。なお，ジュネーヴ諸条約第一追加議定書では無国籍者と難民に保護範囲が拡大されている（73条）。

文民条約では，身体・名誉などの尊重，虐待・殺戮の禁止，人質の禁止，強制労働の禁止のほか，紛争当事国からの退去の権利，占領地内の被保護者の強制移送・追放の禁止なども規定された。また，文民自体が攻撃の対象にはならないのはもちろんのこと，軍事目標を攻撃する際に文民への付随的損害が過度なものとなってはならないなど，相手国の攻撃について，ジュネーヴ諸条約第一追加議定書ではさらに被保護者の保護が手厚くなっている（51条）。

なお，国際テロに対する軍事活動は，越境的な活動であっても，ジュネーヴ諸条約共通2条の要件を満たさず，非国際的武力紛争とされている。また，テロリスト自身は，戦闘行為に直接参加する場合には合法的な攻撃目標となるが，そうでなければ戦闘員とはみなされず，戦闘員と文民の二元構造を維持する限り，文民としての地位を有することになる。

5. 武力紛争法の履行確保手段

(1) 武力紛争当事国による履行確保

極限状態に置かれている武力紛争の当事国に武力紛争法を遵守させることは極めて難しい。したがって，武力紛争が発生していないときにこそ，軍隊を含む国家機関や一般市民が武力紛争法の内容について理解を深め，遵法意識を醸成させておくことがまずは肝要となる。

武力紛争が発生した場合には，紛争当事国が相手国の義務履行を確保するために用いてきた手段としては**戦時復仇**がある。これは，相手国の

武力紛争法違反の行為を中止させるため，自らも武力紛争法に違反する行為を行うというものである。その行使には，それ以外の手段がないことや，相手国の違法行為の効果と自らの違法行為の効果とが均衡していることのほか，相手国に事前の警告を行うことも求められる。しかし，戦時復仇は戦争法が適用されていた時代から利用されてきたが，濫用のおそれが大きいことや，復仇に対する復仇の悪循環で被害が拡大し人道上許されない事態が生じることから，現代の武力紛争法では大幅に制限されている（第一追加議定書20条・51条6項・52条1項など）。

戦争犯罪人の処罰も，紛争当事国が実施する武力紛争法の履行確保手段の一つである。戦争法の時代には，交戦国が伝統的な戦争犯罪を行った者を国内裁判で処罰していた。現在では，国内裁判所で裁かれる場合と国際的な刑事裁判所で裁かれる場合とがある。

武力紛争当事国による戦争犯罪人の処罰については，ジュネーヴ諸条約では武力紛争犠牲者に対する故意の重大な違反に関する処罰規定が置かれている。重大な違反行為とは，殺人，拷問，非人道的取扱いのほか，身体や健康に対して故意に重い苦痛を与え，若しくは重大な障害を与えることをいう（傷病者条約では49条・50条）。各締約国は条約に対する重大な違反行為を捜査し自国の国内裁判所に公訴提起が義務づけられ，武力紛争の当事国ではない締約国も，そうした違反行為について裁判管轄権を設定できることになっている。

（2）第三者による履行確保

第三者による武力紛争法の履行確保手段としては，まず**利益保護国**制度が挙げられる。この制度は，交戦国が指定する利益保護国（中立国）が当該交戦国に協力して戦争法の適用を監視するという制度であり，ジュネーヴ諸条約でも導入された（傷病者条約では8条）。武力紛争当事

国が利益代表国を指定しないこともあったため，第一追加議定書では，その場合には赤十字国際委員会などの団体が利益代表国の代理を務めることとなっている（5条4項）。

　第一追加議定書で規定された**国際事実調査委員会**も，第三者による武力紛争法の履行確保手段である。この委員会は，15名の委員で構成され，ジュネーヴ諸条約と第一追加議定書に定める重大な違反行為や著しい違反について事実調査を行い，条約上の義務が尊重されるように斡旋を行う（90条）。

　さらに，**国際的な刑事裁判**において戦争犯罪を処罰することも履行確保にとって重要である。国際的な刑事裁判所で実際に戦争犯罪人が処罰されたのは第二次世界大戦後のニュルンベルクと東京の国際軍事裁判所であり，そこでは戦争犯罪のほか，平和に対する犯罪と人道に対する犯罪が対象となった。また，ジェノサイド条約（1948年）でも集団殺害犯罪の処罰について国内裁判所のほか，国際刑事裁判所も予定されたが（6条），国際社会はその設立に消極的であった。

　ところが，冷戦終結後に世界各地で多くの武力紛争が発生し，武力紛争法の違反が生じると状況が一変した。その対処のために，国連安保理が憲章7章に基づく行動の一環として，1993年及び1994年にそれぞれ，旧ユーゴスラビア紛争については旧ユーゴスラビア国際刑事裁判所（ICTY），ルワンダ内戦についてはルワンダ国際刑事裁判所（ICTR）を設置した。これら二つの刑事裁判所は，戦争犯罪のほか，ジュネーヴ諸条約の重大な違反行為や集団殺害犯罪，人道に対する犯罪を適用して処罰を行い，2015年末に役目を終え，ICTYとICTRに代わる**国際刑事裁判所残余メカニズム**（**IRMCT**）に任務を引き継いだ。他方，常設の裁判所として，1998年に国際刑事裁判所が設立され，四つの対象犯罪（集団殺害犯罪，人道に対する犯罪，戦争犯罪，侵略犯罪）について管轄権

を行使している（⇒第9章）。こうした国際的な刑事裁判所が設置されたのは，武力紛争の結果として関係国内の刑事司法システムが十全に機能しない点を補う意義もあるほか，諸国が国内裁判所での自国民の処罰に消極的になりやすいことから国際的な裁判所の必要性が主張されたためである。

6．中立制度

（1）中立制度の内容と展開

中立法は，戦争が国際法で禁止されていなかった時代において，戦時における交戦国間の関係を規律する交戦法規に対して，交戦国と中立国との間の関係を規律する法規とされた。国家には戦争に訴える権利があり，また戦争に参加しない中立を選択する自由もあったため，それぞれ交戦国と中立国の地位が生まれたのであり，したがって，交戦国間の法的規律（交戦法規）のほか，交戦国と中立国との間の法的規律（中立法規）も必要とされたのである。

中立法においては，交戦国も中立国に対して一定の義務を負うが，多くは平時での義務と重なるため，むしろ中立国の義務のほうが重い。中立国の義務には，自国領域を交戦国に軍事目的に使用されないようにしなければならないという**防止義務**，交戦国の一方に利益となるような軍事的支援を慎まなければならないという**避止義務**，そして，戦時禁制品を運ぶ中立国船舶の捕獲など，交戦国が戦時国際法で許容された行為を取ることから生じる影響や不利益を甘受しなければならないという**黙認義務**があり，避止義務と黙認義務をあわせて**公平義務**と呼ぶこともある。

こうした中立法規は，海上中立を定めたパリ宣言（1856年）に多くの

国が参加して中立制度の多数国間の枠組みが定着するなど，19世紀末までには慣習国際法規則として定着した。日本が開国直前に最初に触れた国際法規則の一つも中立法規であり，当時，ヨーロッパではクリミア戦争が勃発していたため，徳川幕府は，英仏露といった交戦国に軍事的な支援を行って戦争に巻き込まれることのないように注意を払わなければならなかったのである。

（2）現代国際法における中立制度

現代国際法において武力行使禁止原則が確立すると，中立法が存在するための前提であった戦争に訴える権利が否定されることから，中立法も以前と同じようには存続できないと考えられた。武力行使禁止原則が適用される結果，武力紛争が発生した場合には，少なくともいずれかの当事国は違法な武力行使を行ったことになり，こうした違法武力行使国とこれに対して自衛権を行使する国家とを他国が公平に扱うことは困難となるからである。しかも，国連体制における集団安全保障制度の導入は，安保理が侵略国の認定を行うことを制度化しており，侵略国以外の加盟国は，被害国を軍事的に支援し，侵略国に制裁を加えることも想定されている。こうした制度の下では，中立国の地位や中立法規は維持されないと主張されたのである。

しかし，現実には集団安全保障制度は，冷戦終結後も国連憲章起草者の想定通りには機能せず，少なくとも軍事的措置が加盟国に義務づけられたことはこれまでないため，武力行使を許可された加盟国以外の加盟国は事実上中立国の地位にとどまることができる状況が生じている。しかも，中立法規や中立制度の意義の一つは武力紛争の範囲をできるだけ局地化して，その影響を最小限のものとすることにある。その観点からすると，主権国家が武力紛争に参加しないと判断すれば，中立制度は現

代の国際社会においても依然として妥当し，その意義は失われてはいないと考えられる。

学習課題

1．日本の国内法制は，武力紛争法をどのように取り入れているか調べてみよう。
2．無人航空機（ドローン）の使用は，武力紛争上，どのように行われるべきか考えてみよう。

参考文献

黒﨑将広ほか『防衛実務国際法』（弘文堂，2021年）
竹本正幸『国際人道法の再確認と発展』（東信堂，1996年）
藤田久一『新版 国際人道法〔再増補〕』（有信堂，2003年）
村瀬信也・真山全（編）『武力紛争の国際法』（東信堂，2004年）
和仁健太郎『伝統的中立制度の法的性格』（東京大学出版会，2010年）

【ブックガイド】

➢教科書

〔初学者向け〕
- 大沼保昭『国際法』(ちくま新書, 2018年)
- 加藤信行ほか (編著)『ビジュアルテキスト国際法〔第3版〕』(有斐閣, 2022年)
- 佐藤義明ほか『ここからはじめる国際法』(有斐閣, 2022年)
- 杉原高嶺『基本国際法〔第4版〕』(有斐閣, 2023年)

〔標準・応用編〕
- 浅田正彦 (編著)『国際法〔第5版〕』(東信堂, 2022年)
- 岩沢雄司『国際法〔第2版〕』(東京大学出版会, 2023年)
- 小松一郎『実践国際法〔第3版〕』(信山社, 2022年)
- 酒井啓亘ほか『国際法』(有斐閣, 2011年)
- 杉原高嶺『国際法学講義〔第2版〕』(有斐閣, 2013年)
- 中谷和弘ほか『国際法〔第5版〕』(有斐閣, 2024年)
- 柳原正治ほか『プラクティス国際法講義〔第4版〕』(信山社, 2022年)

➢条約集

- 浅田正彦 (編集代表)『ベーシック条約集』(東信堂, 毎年刊行)
- 位田隆一・最上敏樹 (編修代表)『コンサイス条約集〔第2版〕』(三省堂, 2015年)
- 植木俊哉・中谷和弘 (編集代表)『国際条約集』(有斐閣, 毎年刊行)

➢判例集

- 杉原高嶺・酒井啓亘 (編)『国際法基本判例50〔第2版〕』(三省堂, 2014年)
- 森川幸一ほか (編)『国際法判例百選〔第3版〕』(有斐閣, 2021年)
- 薬師寺公夫ほか (編集代表)『判例国際法〔第3版〕』(東信堂, 2019年)

➢辞典

- 国際法学会 (編)『国際関係法辞典〔第2版〕』(三省堂, 2005年)

索引

●配列は五十音順，＊は人名を示す。欧文は末尾にまとめた。

●あ 行

アークティック・サンライズ号事件　202
アイスランド・ノルウェー調停委員会　199
アカウンタビリティー（説明責任）　86
アグレマン　52
アジア開発銀行　165
アフリカ開発銀行　165
アフリカ人権裁判所　158
アフリカ統一機構（OAU）　155
アフリカ連合（AU）　155, 201
アラバマ号事件　202
アラブ人権憲章　155
アラブ連盟　155
アル・アドサニ事件　99
アルテミス合意　111
安全保障例外　168
域外適用　94
イギリス主義　120
意思実証主義　17
意思主義　28
移住労働者権利条約　154
1503手続　159
1235手続　159
一貫した反対国理論　29
一般国際法　27
一般的受容方式　65
一般的手続法基準説　83
一般的な慣行　29
一般的例外　168
一方の行為　34
一方的宣言　34
委任統治制度　113, 148
違法行為国　182
違法性阻却事由　187

イラク戦争　225
イラクによるクウェート侵攻　224
岩　125
インペリウム（*imperium*）　91, 102
ウィーン外交関係条約　50
ウィーン条約法条約　44
ウィーン宣言及び行動計画　150
ウィーン領事関係条約　55
ウィンブルドン号事件　63
ウェストファリア条約　14
ウェブスター・フォーミュラ　218
受け入れ難い者　51
宇宙　37
宇宙活動法及び衛星リモートセンシング法　111
宇宙基本法　111
宇宙救助返還協定　110
宇宙空間　110
宇宙ゴミ（スペース・デブリ）　112
宇宙資源法　111
宇宙条約　36, 110
宇宙損害責任条約　110
宇宙の法的地位に関する宣言　36, 38
宇宙物体登録条約　110
ウティ・ポシデティス・ユーリス（*uti possidetis juris*）（現状承認原則）　106
英仏航空業務協定事件　202
英仏大陸棚境界画定事件　202
役務職員　52
エフェクティビテ　106
エル・チャミザル事件　104
延伸大陸棚　124
エンリカ・レクシー号事件　202
欧州安全保障協力機構（OSCE）　201
欧州人権裁判所　204

欧州連合（EU）司法裁判所 204
応訴管轄 205
沖縄返還協定 108
汚染者負担原則 173
オゾン層保護のためのウィーン条約 172, 177
小樽公衆浴場事件 71

●か 行
外交関係法 50
外交使節 50
外交職員 52
外交的庇護 53, 139
外交的保護 17, 169, 191
外交的保護に関する条文 192
外交特権免除 51
外交・領事関係法 27
外国人の権利 148
外国性を有する犯罪 143
解釈 47
解釈請求 210
海上傷病者条約 233
開戦条約 232
海戦に応用する条約 233
海賊行為 94
外的自決 85
外務大臣 57
海洋ガバナンス 119
海洋境界画定 32
海洋法 27
化学兵器禁止条約 238
核実験事件 34
核心となる最小限の義務 153
学説 27
核兵器禁止条約 238
核兵器使用の合法性事件 210, 238
カシキリ／セドゥドゥ島事件 104

過失責任主義 185
加重表決制 90
割譲（cession） 101, 103, 104
合併・結合 75
過渡期国際法 18
加入 45
ガブチコボ・ナジマロシュ計画事件 32, 189
樺太千島交換条約 107
カルタヘナ議定書 176
カロライン号事件 218
簡易形式の条約 45
管轄権 205
環境影響評価 173, 175
環境損害防止原則 173
環境と開発に関するリオ宣言（リオ宣言） 172
環境保護 20
勧告的意見 33
勧告的意見手続 210
慣習国際法 21, 26
慣習法結晶化条約 37
慣習法宣言条約 37
慣習法創設条約 37
関税 167
関税及び貿易に関する一般協定（GATT） 70, 165
関税譲許 167
関税同盟 168
間接的武力行使 217
「間接」適用 71
完全政府承継 80
環太平洋パートナーシップに関する包括的先進的協定（CPTPP） 168
帰化 132
企業 24, 37, 85
危険責任 185

気候変動枠組条約　40, 177
旗国　119, 127
旗国主義　127
帰属　185
北大西洋条約機構（NATO）　224
機能的平等　90
既判力の原則　31, 210
義務説　183
義務的管轄権　203
客観責任主義　185
キャンプ・デービッド合意　199
救済的分離　85
義勇兵団　240
旧ユーゴスラビア国際刑事裁判所（ICTY）　39, 144
「強化された」PKO　228
強行規範　22, 37, 49
強制型PKO　227
強制失踪からの保護条約　154
強制措置　217
行政取極　45, 68
共通だが差異ある責任　89, 173, 174
京都議定書　177
京都ヘイトスピーチ事件　71
業務管理行為　97
拒否権　90
緊急状態　32
緊急避難　32, 189
均衡性　218
均衡のとれた対抗措置　188
金銭賠償　193
近代国際法　15
禁反言の原則（エストッペル）　31
国の権利・義務に関する条約　75
クラスター弾条約　238
クリーン・スレート原則　78
クレイマント　112

クロアチア／スロベニア事件　202
グローバル・ガバナンス　24
グロティウス*　14, 117, 215
軍艦　57
軍事的措置　223
軍事的必要　236
軍事同盟　221
軍事目標主義　237, 239
軍縮・軍備管理法　237
群島航路帯　124
群島航路帯通航権　124
群島国　123
群島水域　101, 118
群民兵　240
経済制裁　51
経済的，社会的及び文化的権利に関する国際規約（社会権規約）　149
経済連携協定（EPA）　168
形式的平等　89
形式的法源　26
結果の義務　160
決定的期日　105
血統主義　132
ケベック分離事件　85
権原（title）　103
権限踰越　49
原状回復　192
原子力事故援助条約　172
原子力事故早期通報条約　172
現代国際法　17
コア・クライム　144
行為性質基準説　98
行為目的基準説　98
公海　127
公海自由の原則　127
公海条約　117
公海生物資源条約　117

光華寮事件　81
効果理論　93
交換公文　45
抗議　35
航空自由化（オープンスカイ）政策　109
交渉　197
公正衡平待遇　171
交戦国　232
交戦法規　232
後発的履行不能　49
衡平　22, 33
衡平及び善　34
公平義務　245
衡平な解決　33
神戸英水平事件　58
拷問等禁止条約　150, 154, 158
国際違法行為　11
国際宇宙基地協力協定　111
国際運河　114
国際海峡　118, 123
国際海底機構（ISA）　129
国際開発協会　165
国際海洋法裁判所（ITLOS）　34, 204
国際河川　114
国際河川委員会　81, 114
国際関係理論　20
国際関心事項　90
国際行政連合　17, 81
国際協力原則　23
国際金融公社　165
国際経済法　164
国際刑事警察機構（ICPO）　142
国際刑事裁判所（ICC）　23, 144, 204
国際刑事裁判所規程　40, 86
国際裁判　17
国際裁判所　24
国際事実調査委員会　244

国際司法裁判所（ICJ）　27, 203
国際社会の一般利益　74, 182
国際社会の共通利益　103
国際商取引外国公務員贈賄防止条約　85
国際人権規約　23, 36, 150
国際人権章典　152
国際人道法　232
国際水路非航行的利用条約　114
国際請求　190
国際組織　24
国際通貨基金（IMF）　90, 165
国際通貨・金融法　164
国際的手続法基準説　83
国際的武力戦争　236
国際テロリズム　39
国際投資紛争解決センター（ICSID）　171
国際投資法　164
国際取引法　164
国際犯罪　83
国際標準主義　135
国際復興開発銀行（世界銀行，IBRD）　90, 165
国際紛争平和的処理条約　196, 202
国際法委員会（ILC）　181
国際法違反の犯罪　143
国際貿易機関（ITO）　165
国際貿易法　164
国際法協会　33
国際法形成過程　26
国際法主体　73
国際法上の犯罪　143
国際法の存在形式　21
国際法の「断片化」　20, 212
国際法優位一元論　61
国際民間航空機関（ICAO）　110
国際民間航空条約（シカゴ条約）　109
国際立法　28, 39

国際礼譲　30
国際連合　18, 81
国際連合憲章　216
国際連合平和維持活動等に対する協力に関する法律（国際平和協力法）　229
国際連盟　17, 81
国際連盟規約　196, 215
国際労働機関（ILO）　81, 149, 154
国籍　35, 131
国籍継続の原則　191
国籍裁判官　204
国籍主義　93
国籍単一の原則　134
国籍法　70, 132
国内管轄事項　90
国内的救済手段完了原則　191, 207
国内的効力　64
国内適用可能性　67
国内避難民　141
国内標準主義　136
国内法優位一元論　61
国有化　170
国連安全保障理事会　90
国連安保理決議　39
国連宇宙平和利用委員会　110
国連海洋法条約　34, 36, 117, 176
国連海洋法条約第11部実施協定　118, 129
国連教育科学文化機関（UNESCO）　155
国連緊急軍（UNEF）　226
国連グローバル・コンパクト　86
国連憲章　196
国連公海漁業協定　128
国連国際商取引法委員会（UNCITRAL）　171
国連国際法委員会（ILC）　27
国連国家免除条約　97
国連人権委員会　159

国連人権高等弁務官事務所　159
国連人権理事会　159
国連総会　36
国連損害賠償事件　74, 81
国連難民高等弁務官事務所（UNHCR）　140
国連腐敗防止条約　85
国連平和維持活動―原則と指針（キャップストーン・ドクトリン）　228
国連平和活動　228
個人　24, 82
個人通報制度　157
個人の国際犯罪　142
コソボ独立宣言事件　76
黒海海洋境界画定事件　127
国会承認条約　45
国家管轄権　21, 91, 118
国家管理権外区域の海洋生物多様性（BBNJ）に関する協定（BBNJ協定）　119
国家元首　56
国家財産等に関する国家承継条約　78
国家裁判権免除事件　96
国家承継　78
国家承認　16, 28, 76
国家責任　28, 181
国家責任条文　32, 181
国家責任の解除　183
国家責任の追及　183
国家責任の発生　183
国家代表説　51
国家通報制度　157
国家同一性の原則　79
国家に対する強制　49
国家の基本的権利義務　28
国家の経済的権利義務憲章　165
国家の国際犯罪　182

国家の資格要件　28
国家の代表に対する強制　49
国家平等　89
国家報告制度　156, 175
国家免除（主権免除）　95
国家領域　101
個別的自衛権　219
固有の領土　107
コルフ海峡事件　102
婚姻　132
混合仲裁裁判所　83
混合紛争論　197
コンスタンチノープル条約　114
コンソラート・デル・マーレ　14

● さ 行

サービス貿易に関する一般協定（GATS）
　166
在外自国民の保護　221
最恵国待遇　164, 167, 171
最恵国待遇条項　16
再審　210
在テヘラン米国大使館人質事件　51, 207
サイバー空間　24, 37, 239
裁判官対話　63
裁判拒否　186
裁判準則　205
裁判条項　205
裁判条約　206
裁判制度　158
裁判手続　197
裁判不能　31, 205
詐欺　49
錯誤　49
サティスファクション（満足）　193
差別適用　234
差別防止・少数者保護委員会（人権小委員
　会）　159
三十年戦争　14, 214
３段階アプローチ　127
暫定措置（仮保全措置）　208, 223
自衛　187
自衛原則　226
ジェノサイド条約　244
ジェノサイド条約上のジェノサイドの主張
　に係る事件（ウクライナ対ロシア）　209
ジェノサイド条約適用事件（ガンビア対ミ
　ャンマー）　190, 207
ジェノサイド条約留保事件　46
ジェノサイドの禁止　22
塩見事件　70
死刑廃止に関する選択議定書　150
死刑廃止に関する第二選択議定書　153
自決権　84, 151
自決の原則　84
時効（prescription）　103, 104
事項的免除　56
自己完結的制度　51
自国民不引渡　137
自己保存権　218
時際法原則　106
事実主義　77
事実上の（*de facto*）承認　77
事実上の戦争（war *de facto*）　216, 235
自助　17
市場経済　20
事情変更の原則　50
私人　37
使節団の長　52
事前の通報・協議義務　172
持続可能な開発概念　172
持続可能な開発のための行動計画（アジェ
　ンダ21）　172
執行管轄権　93

索引 | 255

実効的国籍原則　133
実効的支配　186
実効的な占有　104
執行免除　99
実質的平等　89
実質的法源　26
実体法基準説　83
自動執行　67
自動執行的　70
自動的留保（自己判断留保）　206
児童の権利条約　154
シベリア抑留訴訟事件　71
司法管轄権　92
司法的解決（司法裁判）　203
島　125
市民的及び政治的権利に関する国際規約（自由権規約）　149
事務・技術職員　52
下田事件　239
下関条約　108
指紋押捺拒否事件　70
社会権規約委員会　153
社会権規約選択議定書　157
『自由海論』　117
自由権規約　70
自由権規約選択議定書　150
自由権規約第一選択議定書　157
重国籍　133
周旋　198
重大な違反　243
集団安全保障制度　17, 222
集団殺害犯罪　144
集団的自衛権　219
集団的不承認義務　77
自由貿易協定（FTA）　168
自由貿易地域　168
収用　169

「16条適用の指針」連盟総会決議　222
受刑者接見妨害国家賠償請求事件　70
主権　88
主権国家　11
主権的権利　118, 125
主権的行為　97
主権内在説　91
主権平等　89
主権平等原則　22
受諾　45
出生地主義　132
出入国管理及び難民認定法（入管法）　134
ジュネーヴ諸条約　233
ジュネーヴ諸条約第一追加議定書　233
ジュネーヴ諸条約第二追加議定書　233
ジュネーヴ法　233
主要な法系　205
純粋政治犯罪　138
小委員会（パネル）　168
障害者権利条約　154
上級委員会　169
商業的取引　98
消極的属人主義　93
消極的抵触　60, 133
承継協定　78
承継国　78
少数民族保護条約　148
常設外交使節　14
常設国際司法裁判所（PCIJ）　18, 203
常設国際司法裁判所（PCIJ）の裁判所規程　30
常設仲裁裁判所（PCA）　202
尚早の承認　77
承認　35, 45, 104
傷病者条約　233
証明責任原則　31
条約　21, 26, 43

条約締結授権法　66
条約締結能力　44
条約締約国間対世的義務（obligation erga omnes partes）　184, 207
条約難民　140
条約に関する国家承継条約　78
条約の運用停止　49
条約の重大な違反　49
条約の終了　49
条約法　27, 44
条約法に関するウィーン条約　27
植民地独立付与宣言　23, 114
職務代表説　51
諸国の共通利益を害する犯罪　143
女子差別撤廃条約　70, 150, 154
女子差別撤廃条約選択議定書　157
署名　44
深海底　37, 118, 128
深海底原則宣言　36, 38, 128
信義誠実の原則　31
人権　20
人権の国際的保障　23
人権の主流化　159
人権理事会諮問委員会　159
新国際経済秩序　89, 165
「新国際経済秩序」樹立宣言　19, 165
審査　198
人種差別撤廃条約　150, 154, 158
真正な関係　128
真正な連関　133
信託統治制度　113
信託統治理事会　113
人的免除　56
人道的介入　20, 152
人道的考慮　236
人道に対する犯罪　144
信任状　52

人民（peoples）　84
人民の自決権　19
侵略行為　223
侵略国　222
侵略の禁止　22
侵略犯罪　144
人類の共同の財産（common heritage of mankind）　110, 118, 128
スアレス*　14
ストックホルム人間環境宣言（人間環境宣言）　102, 172
砂川事件　69
スマート・サンクション　225
制限免除主義　97
政策条件（コンディショナリティ）　166
政治犯罪　138
政治犯不引渡の原則　137
生成人工知能（AI）　24
正戦論　17, 214
正統主義　79
正統性　75
征服（conquest）　103, 105
政府承継　80
政府承認　28, 79
生物多様性条約　176
生物兵器禁止条約　238
政府の長　56
勢力均衡システム　221
セーフガード（緊急輸入制限）　168
世界人権宣言　36, 38, 149
世界政府　11
世界貿易機関（WTO）　163, 166
赤十字国際委員会（ICRC）　232
責任発生の原則　31
セクター理論　112
世代間衡平　173
積極的属人主義　93

積極的抵触　60, 133
接受国　50
接続水域　118, 122
絶対免除主義　96
セルデン*　117
戦意の表明　235
尖閣諸島　108
先決的抗弁　207
先決的問題　207
全権委任状　44
宣言的効果説　77
先行国　78
戦時国際法（戦争法）　16, 232
戦時復仇　242
先制的自衛　219
先占（occupation）　103
戦争　17
『戦争と平和の法』　214
戦争の違法化　17, 196, 216
戦争犯罪　83, 144
戦争犯罪人　243
選択条項受諾宣言　203
戦闘員　240
戦闘員特権　241
全般的支配　186
総加入条項　234
相互主義　51, 95
相殺関税　168
創設的効果説　77
相対的政治犯罪　138
相当の注意　185
遭難　189
双方可罰（双罰性）の原則　137
属人主義　92, 93
属地主義　92, 93
訴追か引渡しかの義務問題事件　190, 208
ソフト・ロー　22, 36

ソヴリン・ウェルス・ファンド　163
損害説　183

●た　行

第一次国連海洋法会議　117
第１回赤十字条約　233
対外国民事裁判権法　98
対外主権　88
大韓航空機撃墜事件　109
対抗措置　188
対抗力　35, 64
第三国　28
第三国の訴訟参加　208
第三次国連海洋法会議　117
第三者対抗措置　188
第三世界アプローチ　20
第三世代の権利　151
対人地雷禁止条約　40, 86, 238
対世的義務（obligation erga omnes）　22, 37, 184
対世的性格　84
対世的な（erga omnes）効力　103
対内主権　88
第二次国連海洋法会議　117
対日平和条約　107
逮捕状事件　57
大陸棚　117, 118
大陸棚限界委員会　124
大陸棚条約　117
大量破壊兵器　39, 225
竹島　108
多国籍企業行動指針　85
多国籍軍　224
多国籍軍方式　225
タジッチ事件　186
多数国間条約　27
男女雇用機会均等法　70

単独行動主義　19
ダンピング防止税　168
地域的機関　79, 217, 223
地域的取極　223
地域的な集団安全保障　223
千島列島　107
知的所有権の貿易関連の側面に関する協定
　　（TRIPS協定）　167
チャゴス海洋保護区事件　202
仲介　198
中華民国に対する約束手形金請求為替訴訟
　　事件　97
仲裁　201
仲裁裁判制度　16
仲裁準則　202
中米司法裁判所　83, 203
中立・公平原則　226
中立国　232
中立法　245
中立法規　232
チュニス・モロッコ国籍法事件　90
調査制度　158
張振海事件　138
調整理論　62
調停　199
直接適用可能性　67
直線基線　119
追跡権　128
通過通航権　123
通過通航制度　123
通常基線　119
通訳料事件　70
月協定　110
ディアロ事件　192, 193
低潮高地　125
デジタル空間　24
「鉄のライン」鉄道事件　202

テヘラン宣言　150
デロゲーション条項　153
天然資源に対する永久的主権　19
添付（accretion）　103, 104
同意　187
同意原則　226
等位理論　62
投資受入国　170
投資家　170
投資協定仲裁　171
東南アジア諸国連合（ASEAN）　156
東部グリーンランド事件　106
逃亡犯罪人引渡法　136
特定権限説　91
特定性の原則　137
特定通常兵器使用禁止制限条約　238
特別選任裁判官　204
ドッガー・バンク事件　198
トマス・アクィナス*　214
ドミニウム（dominium）　92, 102
トリー・キャニオン号事故　176
トルーマン宣言　117
トルデシラス条約　116
トレイル熔鉱所事件　102, 171, 202

●な　行

内国民待遇　164, 167, 171
内水　101, 119
内政不干渉原則　22
内戦　235
内的自決　85
名古屋議定書　176
ナミビア事件　39, 84, 210
南極海捕鯨事件　206
南極条約　112
南極条約環境保護議定書　112
南西アフリカ事件　211

索引 | 259

南北問題　19
難民の地位に関する条約（難民条約）　140
ニカラグア軍事活動事件　186, 188, 196, 207, 216
二元論　61
二国間条約　27
二国間投資協定（BIT）　170
西アフリカ諸国経済共同体（ECOWAS）司法裁判所　204
西サハラ事件　84
日米安全保障条約　57
日米犯罪人引渡条約　137
日魯通好条約　107
日韓漁業協定　68
日ソ共同宣言　107
日本国憲法　68
認可状　55
人間の基本的最低限度のニーズ（Basic Human Needs：BHN）　166
「ネガティブ・コンセンサス」方式　169
ノッテボーム事件　64, 133
ノルウェー公債事件　206
ノンクレイマント　112
ノン・ルフールマン原則　141

●は　行
ハーグ国際法法典化会議　117
ハーグ平和会議　16, 232
ハーグ法　233
ハーグ陸戦規則　232
ハーグ陸戦条約　232
ハーグ陸戦条約3条事件　71
バーゼル条約　172, 178
買収　49
賠償（reparation）　192
排他的経済水域（EEZ）　30, 118, 125
パキスタン貸金請求事件　97

迫害　140
派遣国　50
ヴァッテル＊　15
発展の権利に関する宣言　151
パナマ運河条約　114
パナマ運河中立条約　115
バラスト水管理条約　176
パラレル方式　129
パリ協定　177
パリ国際航空条約　109
パリ宣言　245
ハル原則　170
バルセロナ・トラクション事件　64, 184
パルプ工場事件　175
パルマス島事件　106
パレスチナの壁事件　232
バンキング方式　129
判決　27
万国国際法学会　33
犯罪人引渡　136
犯罪人引渡制度　16
バンジュール憲章　155
反訴　208
判例法（case law）　31, 203
被害国　182
東ティモール事件　84
東ティモール調停委員会報告　200
非関税障壁　167
「引渡か訴追か（aut dedere aut judicare）」の義務　144
非軍事的措置　223
非拘束的文書　22, 36
非国際的武力紛争　242
庇護権　138
庇護事件　29
非国家的実体　22, 74
非裁判手続　197

避止義務　245
ビジネスと人権に関する指導原則　86
批准　45
非政府組織（NGO）　24, 37
必要性　218
人及び人民の権利に関するアフリカ憲章　155
ビトリア*　14
ピノチェト事件　56
批判法学　20
非法律的紛争　197
平等適用　235
広島・長崎原爆投下事件　83
フェミニズム法学　20
フェリニ事件　99
不可抗力　188
不干渉　89, 90
不完全政府承継　80
武器貿易条約　238
複合型 PKO　227
複数国間貿易協定　167
不遵守手続　175
付随的損害　239
付随手続　208
不戦条約　17, 196, 215
付託合意　201
豚肉差額関税事件　70
普通犯罪　138
復仇　17, 188
不必要な苦痛　238
普遍主義　93
普遍的・定期的レビュー（UPR）　159
普遍的な価値　20
不法行為免責例外　98
父母両系血統主義　132
ブラウン管事件　95
ブラヒミ・レポート　228

フランス主義　120
武力（force）　217
武力攻撃　219
武力行使禁止原則　18, 196, 216
武力による威嚇（threat of force）　217
武力の行使（use of force）　217
武力復仇　188
武力紛争　232
武力紛争犠牲者　240
武力紛争時における核兵器使用の合法性事件　211
武力紛争法　232
ブルキナファソ／マリ国境紛争事件　34, 106
ブレトン・ウッズ―GATT 体制　165
紛争解決手段選択の自由　196
紛争解決了解（DSU）　167
紛争の平和的解決義務　196, 216
紛争の平和的解決原則　23
文民　240, 241
文民条約　233
文明　16
文明国　30
分離独立　75
分裂　75
併合（annexation）　104
米国・メキシコ・カナダ協定（USMCA）　168
『閉鎖海論』　117
平時国際法　232
米州機構（OAS）　155, 201
米州人権裁判所　158, 204
米州人権条約　155
兵力提供に関する特別協定　223
平和維持活動（PKO）　226
平和的生存権に関する宣言　152
平和に対する脅威　222

平和のための結集決議　223
平和の破壊　223
平和への課題　227
平和への課題：補遺　228
ペドラ・ブランカ事件　106
ヘルシンキ最終議定書　84
ペルソナ・ノン・グラータ　51
ベルヌ条約事件　78
ベンガル湾海洋境界画定事件　202
変型方式　65
編入理論　65
包括的承継説　78
防空識別圏（ADIZ）　110
法源　21
防止義務　245
防守地域（都市）　239
法則決定の補助手段　31
法的信念　29
法に反する衡平　33
法の一般原則　27, 30
法の欠缺　22
法の外にある衡平　33
法の下での衡平　33
法の下の平等　89
報復　188
法律上の（*de jure*）承認　77
法律上の戦争（war *de jure*）　216, 235
法律的紛争　197
ポーター条約　215
ポーツマス講和条約　107, 198
ポーランド領上部シレジアにおけるドイツ人利益事件　63
補完性の原則　145
北米自由貿易協定（NAFTA）　168
保護主義　93
北海大陸棚事件　29, 126
北極評議会　113

北方四島（択捉島，国後島，色丹島，歯舞群島）　107
捕虜　240, 241
捕虜条約　233
捕虜待遇条約　233
ホルジョウ工場事件　192
本案手続　208
本務領事　54

●ま　行

マルゲロス事件　99
マンキエ・エクレオ事件　106
未承認国　78
水俣条約　178
南シナ海事件　126, 202
民主主義　20
民族解放戦争　236
民族解放団体　84, 236
民兵　240
ムートネス　207
無害通航権　121
無効化又は侵害　168
無国籍　134
無国籍者の地位に関する条約　134
無国籍の削減に関する条約　134
無差別戦争観　215
無主地（*terra nullius*）　103
無防守地域（都市）　239
明示的承認　76
名誉領事　54
黙示的権能　81
黙示的承認　77
黙示の合意　29
黙認　35, 104
黙認義務　245
モンテビデオ条約　75
モントリオール議定書　172, 177

●や 行

ヤルタ協定　107
友好関係原則宣言　38, 102
油濁責任輸送船主間自主協定　85
ユトレヒト条約　15
尹秀吉事件　69, 138
養子縁組　132
ヨーロッパ社会憲章　155
ヨーロッパ人権裁判所　158
ヨーロッパ人権条約　155
予防原則・予防的アプローチ　173
予防的アプローチ　173

●ら 行

ラグラン事件　83, 208
ラヌー湖事件　172, 202
ラムサール条約　175
利益保護国　243
リギタン島及びシパダン島事件　106
李承晩ライン　108
立法管轄権　92
リビア／マルタ大陸棚事件　30
留保　46
領域権原（territorial title）　103
領域主権の排他的性格　102
領域主権の包括的性格　102
領域使用の管理責任　102, 172
領域的庇護　138
領域内庇護宣言　139
領海　101, 120
領海基線　119
領海条約　117
領空　101
領事　54

領事官　55
領事裁判　55
領事制度　16
領事特権免除　55
領水　101
領土　101
領土保全原則　22, 102
領有意思　104
両立性の基準　46
ルワンダ国際刑事裁判所（ICTR）　39, 144
レインボー・ウォリアー号事件　201
レジスタンス　240
レッド・クルセーダー号事件　198
ローマ法　14
ロシアによるウクライナへの軍事侵攻　226
ロッテルダム条約　178
ロンドン条約　176

●わ 行

ワシントン条約　176
ワルシャワ条約機構　224
湾岸戦争　19

●欧 文

ASEAN 人権宣言　156
ICC 規程（ローマ規程）　30, 144
ICJ 規程　27
ISDS 条項　171
Jus ad bellum　214, 231
Jus in bello　214, 231
MARPOL 条約　176
PKO 参加 5 原則　229
WTO 農業協定　70

著者紹介

酒井　啓亘（さかい・ひろのぶ）

1963年	北海道帯広市に生まれる
1992年	京都大学大学院法学研究科博士後期課程研究指導認定退学（法学修士）
現在	早稲田大学法学学術院教授，放送大学客員教授，京都大学名誉教授
専攻	国際法
主な共編著書	『国際法』（有斐閣，2011年）
	『国際法基本判例50〔第2版〕』（三省堂，2014年）
	『判例国際法〔第3版〕』（東信堂，2019年）
	『防衛実務国際法』（弘文堂，2021年）
	『国際法判例百選〔第3版〕』（有斐閣，2021年）
	『ビジュアルテキスト国際法〔第3版〕』（有斐閣，2022年）

＊詳しい経歴・研究業績については，左記のQRコード，または，https://researchmap.jp/sakaihironobu を参照。

放送大学教材　1539647-1-2511（ラジオ）

新訂　国際法

発　行　2025年3月20日　第1刷
著　者　酒井啓亘
発行所　一般財団法人　放送大学教育振興会
　　　　〒105-0001　東京都港区虎ノ門1-14-1　郵政福祉琴平ビル
　　　　電話　03（3502）2750

市販用は放送大学教材と同じ内容です。定価はカバーに表示してあります。
落丁本・乱丁本はお取り替えいたします。

Printed in Japan　ISBN978-4-595-32516-8　C1332